Hans König

AF284608

Perspektivwechsel

Biblisch An- und Quergedachtes

**Texte zu biblischen Geschichten
im Kontext des Kurzgesprächs
mit einer methodischen Anleitung**

Für Birgit, Andrea, Beate und Michael

Bibliografische Information der Deutschen Nationalbibliothek:
Die Deutsche Nationalbibliothek verzeichnet diese Publikation in der Deutschen Nationalbibliografie; detaillierte bibliografische Daten sind im Internet über http://dnb.dnb.de abrufbar.

© 2018 Hans König

Herstellung und Verlag: BoD – Books on Demand, Norderstedt

ISBN: 978-3-7528-5467-1

Inhaltsverzeichnis

Vorwort

Als Lehrtrainer der „Arbeitsgemeinschaft Kurzgespräch" (AgK)[1] biete ich seit vielen Jahren in entsprechenden Seminaren ein Gesprächsführungsmodell an für Menschen, die in helfenden Berufen[2] tätig sind und oft situationsbedingt nur kurze Zeit für anfallende Gespräche zur Verfügung haben.

Das „Geheimnis" dieser Gesprächsführung besteht darin – und das kann gerade auch in einem kurzen Gespräch gut gelingen -, beim jeweiligen Gegenüber durch gezielte Interventionen einen Perspektivwechsel herbeizuführen, so dass sich neue Wege aus einer verengten oder verfahrenen Situation eröffnen. –

Irgendwann hatte ich dann die Idee, das, was bei einer Begegnung im Gespräch möglich ist, auch auf die Begegnung mit einem biblischen Text zu übertragen, um auch hier neue Sichtweisen zu eröffnen. Und das erscheint mir als sinnvoll und notwendig. Denn wenn z.B. der Predigthörer schon beim Hören des Predigttextes oder spätestens nach den ersten zehn

---

[1] Informationen unter www.kurzgespraech.de
[2] Damit sind alle Berufe gemeint, die es mit Menschen zu tun haben: Seelsorge, Beratung, Sozialarbeit, Kindergarten, Schule, Pflege usw.

Sätzen der Predigt weiß, vorauf das Ganze hinausläuft, stellt sich eine gewisse Langeweile ein, die der Lebendigkeit der biblischen Texte nicht gerecht wird.

Alexander Deeg stellt fest, „dass ein Grundproblem die Predigtgeschichte durchzieht: die Konventionalität dessen, was gesagt wird, die problematische Erwartbarkeit"[3]. Wenn beim Gleichnis vom „Verlorenen Sohn" (Luk 15,11ff.) alles auf die Reue des Sohnes und die unendliche Barmherzigkeit des Vaters hinausläuft, wenn in der Geschichte von Maria und Marta (Luk 10,38ff.) alles darauf hinausläuft, dass Zuhören besser ist als Aktion oder dass jeder von uns einen Anteil von Maria und Marta in sich hat-, dann ist für den mehr oder weniger geübten Predigthörer die Langeweile vorprogrammiert.

Was eine gute Predigt ist, wird man bei den verschiedenen Geschmäckern kaum sagen können, wohl aber, was eine schlechte Predigt ausmacht: wenn das Erwartbare kommt. –

Das Gleiche gilt für alle Formen von Bibelarbeit in den unterschiedlichsten Formen und Gruppen: wenn es beim Erwartbaren bleibt, geht die Lebendigkeit verloren.

Ich werde in einem ersten Teil dieses Buches den Hintergrund meines dialogischen Zugangs zu bibli-

---

[3] Alexander Deeg, Mehr wagen. Überlegungen zur Qualität auf der Kanzel. In: Zeitzeichen 2/2015, s. 8

schen Texten erläutern, in einem zweiten Teil eine dafür hilfreiche Methode vorstellen und im dritten Teil 13 daraus entstandene Texte anfügen.

I. Der Zugang –
Die Begegnung mit dem Text

Seitdem es biblische Texte gibt, gibt es auch verschiedene Möglichkeiten und Wege, diese Texte auszulegen: historisch-kritisch, existential, tiefenpsychologisch, feministisch …. Bei all diesen Interpretationsmethoden geht es darum, den biblischen Text nach bestimmten Kriterien auszulegen. Ich habe diese verschiedenen Methoden als hilfreich, teilweise auch als spannend erlebt: die „Wahrheit" eines Textes ist nie eindimensional, sondern vielfältig. Mit jeder dieser unterschiedlichen Methoden bekam und bekommt der „Rohdiamant Text" einen neuen Facettenschliff.

Die intensivste Form, mit einem biblischen Text in Kontakt zu kommen, habe ich im Bibliodrama erlebt. Hier ist die Begegnung mit dem Text erlebbar, hier geschieht wirklicher Dialog. Und es wird deutlich, dass es nicht um Auslegung, sondern um Begegnung im unmittelbaren Sinn geht.

Nun ist es nicht realistisch, jeden biblischen Text für eine Andacht, eine Predigt über den zeitlichen Aufwand eines Bibliodramas anzugehen.

Ich habe aus der jüdischen Hermeneutik die Grundlage für eine praktikable Möglichkeit abgeleitet, der dialogischen Begegnung mit dem biblischen

Text nahe zu kommen. Und so entwickelte ich eine Methode, die ich in naher Verwandtschaft zum Bibliodrama und Bibliolog verstehe. Sie ist ausgelegt für eine Arbeit in der Gruppe, kann aber nach einiger Übung und Erfahrung auch im inneren Diskurs von einer Person durchgeführt werden.

Bevor ich nun die von mir praktizierte Methode beschreibe, will ich die wesentlichen Züge der jüdischen Hermeneutik skizzieren.[4]

Natürlich gilt: es gibt nicht *die* jüdische Hermeneutik, wie es auch nicht *die* christliche Hermeneutik gibt. Aber es gibt Grundlinien, die sich durch die Zeiten und durch die verschiedenen Ausprägungen hindurch ziehen.

Von Anfang an wurde die *Tora Gottes*[5] nicht nur als alleiniger und absoluter Text der Gemeinde vorgelesen und –gestellt, sondern immer gleichzeitig mit Erklärungen versehen, damit die Gemeinde das Vorgelesene verstehen konnte. „Zur schriftlichen Tora kommt nun die ‚mündliche Tora' hinzu ...; seit den frühesten Anfängen ist die dialogische Anlage als ihr

---

[4] Eine umfangreichere Darstellung ist zu finden bei Horst Klaus Berg, Ein Wort wie Feuer. Wege lebendiger Bibelauslegung. Kösel- u. Calwer-Verlag, München und Stuttgart. 1991, S. 386ff.
[5] Die *Tora* (hebr.: „Gebot", „Weisung", „Belehrung") ist der erste Teil der hebräischen Bibel. In den christlichen Bibelübersetzungen sind dies die fünf Bücher Mose.

charakteristisches Merkmal zu erkennen: Die mündliche Tora (die später in vielen Sammlungen zusammengefaßt wurde)[6] erscheint nicht in Form eines verbindlichen Einheitstextes, sondern als Diskussion derer, die sich um das Verständnis der Überlieferung bemühen."[7] Und beides gehört unabdingbar zusammen.

Und so gibt es zusätzlich und daneben die Midraschim (Plural), was die Bewegung des Untersuchens, des Herausfindens meint – „geschaffen in vielen Formen, von der Analyse bis zu der Schaffung von Fabeln und Geschichten, die die niedergeschriebenen verstärkten und ergänzten. Midrasch klärte strittige Passagen oder Widersprüche innerhalb der Texte, der Erklärung, dem Verständnis, der Vergegenwärtigung seiner Absicht und implizierten Verhaltensregeln, ihrer Leitgedanken … Midraschim füllen dicke Bücher

---

[6] Die *Mishna* (hebr.: „Wiederholung") ist die erste größere Niederschrift der mündlichen Tora und damit einer der wichtigsten Sammlungen religionsgesetzlicher Überlieferungen des rabbinischen Judentums. Die Mishna bildet die Basis des Talmud.
Der *Talmud* (hebr.: „Belehrung") liegt in zwei Ausgaben vor: dem Babylonischen Talmud und dem Jerusalemer Talmud (auch Palästinensischer Talmud genannt). Der Talmud enthält keine biblischen Gesetzestexte (Tora), sondern zeigt auf, wie diese Regeln in der Praxis und im Alltag von den Rabbinern verstanden und ausgelegt werden.
[7] A.a.O., S. 387

und existieren bis heute zu zahllosen Gelegenheiten … in den Familien zu Hause, in den Synagogen"[8] und den Studienhäusern.

Peter Pitzele, der „Erfinder" des Bibliologs, versteht den Bibliolog als zeitgenössische Interpretation des Midrasch.

Dieses unabdingbare Miteinander von schriftlicher und mündlicher Tora wird verdeutlicht in dem bildhaften Wort vom „schwarzen und weißen Feuer":

Das „schwarze Feuer" sind die Buchstaben der Tora. Das „weiße Feuer" sind die Zwischenräume zwischen den Buchstaben. Nur beides zusammen ist die *ganze* Tora. Das „schwarze Feuer" meint die wörtliche Bedeutung des Textes. Das „weiße Feuer" steht für die Ideen, Auslegungen, Andeutungen hinter dem Text – die Botschaften zwischen den Zeilen, die zum Leben kommen, wenn wir mit dem Text in Beziehung trete Die schwarzen Buchstaben begrenzen; sie sind begrenzt und festgelegt. Die weißen Räume dazwischen verweisen uns auf den Bereich jenseits des Intellekts – des Grenzenlosen, des sich immer Verändernden und Verwandelnden. Sie stehen auch für das Schweigen, für das noch nicht Sagbare, das Unsagbare. Die weißen Räume zwischen und um die

---

[8] Peter Pitzele, Die Brunnen unserer Väter. Midraschim und Bibbliologie über Berischit – Genesis, Kohlhammer-Verlag, 2012.

schwarzen Buchstaben herum nehmen zweimal so viel Raum ein wie die schwarzen Buchstaben. Ja, das weiße Feuer bildet die Grundlage für das schwarze Feuer.

Die jüdische Exegese „legt sich nicht den Text als Gegenstand objektiver Untersuchung zurecht, sondern nimmt gleichsam am Tisch der biblischen Erzähler Platz und beteiligt sich an ihrem Gespräch … da geht es nicht immer nur mit feierlichem Ernst zu, sondern Witz und Ironie machen sich Raum, nichts wird in ein System historischer oder logischer Stimmigkeit gezwängt … Eben die Ungezwungenheit dieser narrativen Theologie gibt ihr eine eigentümliche Autorität – die Autorität der Erfahrung und des gelebten Glaubens, die aus ihr atmet."[9]

Es gibt keine endgültige Lesart oder Auslegung der Tora, sondern immer nur die nächste.

Ich empfinde diese jüdische Zugangs- und Umgangsweise zu bzw. mit biblischen Texten als sehr inspirierend und in einem bestimmten Sinne auch wahrhaftig: Ich muss eine biblische Geschichte nicht „neutral" *auslegen*, sondern darf mich selbst mit meiner Geschichte, meinen Emotionen, meiner Phantasie *einbringen*. Das geschieht zwar „unter der Hand" immer; hier aber wird das Einbringen der ei-

---

[9] Horst Klaus Berg, a.a.O. S. 390

genen Person zum genuinen Bestandteil der Begegnung mit dem Text.

Und umgekehrt: Wenn ich einen biblischen Text zu Gehör bringe (in einer Andacht, einer Predigt oder ...), dann sitzen da Menschen, die ernst genommen werden wollen – mit ihrer Lebensgeschichte, mit ihren Emotionen, Einstellungen, traumatischen Erlebnissen usw.

Beispiel: Das Gleichnis vom verlorenen Sohn (Luk 15):[10] Viele der Hörer – gerade mit einem christlichen Hintergrund – identifizieren sich häufig mit dem zweiten Sohn. Und sie empfinden es als ungerecht, wie der Vater in der Geschichte mit ihm umgeht, weil sie aus ihrer Familiengeschichte heraus denken und empfinden. Ich weiß aus Gesprächen mit Hunderten von Menschen, die sich als Christen verstehen, dass sie mit diesem Gleichnis, genauer gesagt: mit der traditionellen Auslegung der Geschichte zeitlebens hadern bzw. sich dagegen sperren (und dann dabei noch ein schlechtes Gefühl haben, weil es ja „richtig" sein soll, dass der verlorene Sohn bei seiner Rückkehr einen „Staatsempfang" bekommt, während der gewissenhafte und korrekt handelnde zweite Sohn in seinem Ärger abgekanzelt wird). Sie fühlen sich be- oder sogar verurteilt.

---

[10] Vgl. dazu meinen Text Nr. 13

In vielen (Bibel-)Gesprächen nach der unter II beschriebenen Methode mit ganz unterschiedlichen Gruppen (kirchlich und nichtkirchlich, Erwachsene und Jugendliche) habe ich herausgefunden, dass diese Geschichte viel mehr Facetten hat, als es auf den ersten Blick zu sein scheint. Und ich erlebe dann, dass sich Menschen, die immer mit dieser Geschichte gehadert haben, sich plötzlich mit ihr versöhnen können – nicht in dem Sinne, dass sie sich bestätigt fühlen, sondern so, dass sie den Text und sich selbst in einem neuen Licht sehen und dass sie die Herausforderung zur Verantwortung für ihr eigenes Leben begreifen und annehmen können.

II.   Die Methode

Diese Methode ist in dem Sinne „demokratisch",
dass es auch dann, wenn Theologen in einer Gruppe
anwesend sind, keinen Vorsprung für Fachleute gibt –
bis auf die 3. Phase, in der es um Hintergrundinformationen geht (die ansonsten vom Gesprächsleiter
eingebracht werden).

Ich beschreibe nun die Methode als einen Grup-
penprozess. Ich hatte schon darauf hingewiesen, dass
dieser Prozess bei ausreichender Übung auch indivi-
duell im inneren Diskurs gelingen kann.

Die Schritte sollten in der folgenden Reihenfolge
durchgeführt werden:

1.   Lesen bzw. Hören des Textes
2.   wortgetreue Wiederholung
3.   Informationen - Hintergrundwissen
4.   Emotionen
5.   Phantasie
6.   Mustererkennung
7.   Überlegungen zur kreativen Umsetzung
8.   Kreative Umsetzung

Für die Begegnung mit dem Text sollte eine Stunde zur Verfügung stehen, für die kreative Umsetzung
eine weitere Stunde.

Zu 1: Lesen bzw. Hören des Textes

Denkbar sind verschiedene Möglichkeiten:

- Vorlesen durch den Leiter/die Leiterin
- Lesen reihum
- Lesen mit verteilten Rollen (sofern eine Geschichte das hergibt)
- bei kürzeren Texten: mehrmaliges Lesen

Ich bevorzuge die erstgenannte Variante, weil dadurch der Spannungsbogen eines Textes/einer Geschichte besser gewahrt bleibt.

Ich wähle in einer mehrheitlich katholischen Gruppe meistens die Luther-Übersetzung, in einer mehrheitlich evangelischen Gruppe die Einheitsübersetzung, um die Hörgewohnheiten der Teilnehmenden zu „verstören".

Zu 2: Wortgetreue Wiederholung

Die Gruppenmitglieder werden aufgefordert, den Text aus dem Gedächtnis zu rekonstruieren – nicht dem Sinne nach, sondern wörtlich. Der Leiter/die Leiterin oder ein Gruppenmitglied achtet auf die korrekte Abfolge. Es ist erstaunlich, dass selbst bekannte Geschichten wie z.B. die Geschichte vom Brudermord (Gen 4) oder die Geschichte vom verlorenen Sohn (Luk 15) oft nicht in der wirklichen Abfolge „gewusst" , sondern vom sog. Zielpunkt (*skopus*) der Geschichte rückwärts interpretiert werden. Auch Anfänge der Geschichte werden häufig nicht mehr erinnert, weil der Augenmerk auf dem (angeblichen) Zielpunkt des Textes liegt. Die Gefahr ist, dass bei dieser Zielgerichtetheit oft Dinge, die am Wege liegen, nicht mehr wahrgenommen werden.

Die Wort-Wörtlichkeit ist wichtig, um den Text in seiner Ganzheit und Wirklichkeit wahrzunehmen. Teilnehmende sagen immer wieder: „Diesen oder jenen Vers der Geschichte habe ich noch nie wahrgenommen!" Wir hören oft nur das vermeintlich Bekannte und schließen so manches, was der Text auch noch zu bieten hat, aus.[11]

Diese Erkenntnis sollte barmherzig machen denen gegenüber, die einen Text/eine Geschichte der Bibel in einer Andacht, einer Predigt hören. Ich kann nicht davon ausgehen, dass jeder Hörer, den „wirklichen" Text dann immer im Ohr hat.

---

[11] Test: Denken Sie an bekannte und vertraute Geschichten in der Bibel: Wie fängt diese Geschichte (wörtlich) an?

Zu 3: Informationen - Hintergrundwissen

Hier sollten nur die Hintergrundinformationen zusammen getragen werden, die für das Verständnis des Textes wichtig sind. Bitte keine fachspezifischen Diskussionen!

Ich werde das im Folgenden für einen alttestamentlichen Text (Gen 4) und einen neutestamentlichen Text (Matth15) beispielhaft erläutern.

- Für Gen 4 (Kain und Abel) reicht es aus zu wissen,
  - o wie der ‚Fluch' anlässlich der Vertreibung aus dem Paradies lautete
  - o was die Namen „Kain" und „Abel" bedeuten
  - o dass hier eine Schnittstelle zwischen Nomadentum und Sesshaftigkeit erinnert wird.
- Für Matth 15 (kanaanäische Frau) reicht es aus zu wissen,
  - o weshalb Samariter, Kanaanäer als Ungläubige definiert wurden und was ihnen erlaubt war und was nicht
  - o wie die Rolle der Frau im Kontakt zu Männern in der Öffentlichkeit war
  - o welche Krankheiten oder Symptome sich hinter „vom bösen Geist geplagt" verbergen können

Zu 4: Emotionen

In dieser Phase geht es darum, die Teilnehmenden in den Text/die Geschichte einzubeziehen. Denn niemand hört einen Text/eine Geschichte emotionslos. Da stoßen häufig eigene Lebenserfahrungen, auch erlebte Traumata, gegen theologische „Richtigkeiten". Diese Auseinandersetzung sollte hier im Gespräch zwischen den Teilnehmenden ihren Platz haben.

- Für Gen 4 könnten folgende Fragestellungen (des/der Leitenden) hilfreich sein:

  o Mit welchem Protagonisten der Geschichte fühlen Sie sich am ehesten verbunden und mit wem gar nicht?

  o Wie erleben Sie das Verhalten Gottes in der Geschichte?

  o Wo bleiben die Eltern, Adam und Eva, in der Geschichte?

  o Was hat Ihre Rolle als Erst- oder Nachgeborener in der Familie für Sie bedeutet?

  o Wie haben Sie Vergleiche durch Eltern, Verwandte oder Lehrer erlebt und verkraftet?

  o Welche positiven Zuschreibungen haben Sie als hilfreich und welche als belastend erlebt?

- Für Matth 15 könnten folgende Fragestellungen hilfreich und anregend sein:
  - o Wie sympathisch sind Ihnen die agierenden Personen: Jesus, Jünger, kanaanäische Frau?
  - o Welche Verhaltensweisen imponieren Ihnen oder ärgern Sie?
  - o Wie viel Penetranz trauen Sie sich zu, wenn es ums „Eingemachte" geht?
  - o Was ist „schicklich" – mit welchen Konsequenzen?
  - o Was ist Stärke?
  - o U.a.m.

Zu 5: Phantasie

Hier gilt: Alles ist erlaubt!!! Neben der Emotion ist die Phantasie ein wesentliches „weißes Feuer" in der Begegnung mit dem Text. Welche Phantasie setzt der Text frei? Und welche Phantasie bringt der Leser/Hörer ein? Die Phantasien der Teilnehmenden werden nicht beurteilt und auch nicht diskutiert; sie bleiben nebeneinander (be-)stehen.

- Für Gen 4 könnten folgende Fragestellungen weiterführend sein:
  - o Woran haben Kain und Abel gemerkt, dass ihr Opfer angenommen bzw. nicht angenommen wurde?

- o Was hat der Konflikt damit zu tun, dass der eine Ackermann, der andere Hirt war?
- o Was war eventuell die Vorgeschichte zu dem tödlich endenden Konflikt?
- o Wie werden Kain und Abel (siehe die Namensgebung) aufgewachsen sein?
- o Wie haben die Eltern ,Adam und Eva, sich ihnen gegenüber verhalten?
- o U.a.m.

- Für Matth 15 könnten folgende Fragestellungen hilfreich und anregend sein:
  - o Woher wusste die kanaanäische Frau von Jesus? War die Begegnung zufällig?
  - o Wie könnte sich ein Gespräch zwischen Tochter und Mutter, bevor diese aufbrach, abgespielt haben?
  - o Wie alt war die Tochter?
  - o Gab es in der Familie auch einen Vater?
  - o Woraus bezieht die Frau ihre Kraft?
  - o U.a.m.

Zu 6: Mustererkennung

Oft findet schon in der „Abteilung Phantasie" (5) eine sog. Mustererkennung statt. Die Teilnehmenden wissen oder erahnen, welche Erfahrungen zu welchen Verhaltensweisen führen. Wenn das nicht hinreichend angesprochen worden ist, kann das hier noch einmal fokussiert werden.

- Für Gen 4 könnten das u.a. folgende Themen sein:
    - Fluch des Vergleichens bei Kindern - nicht nur bei Geschwistern, sondern auch bei Erwachsenen
    - Auswirkung von Namen(sgebung)[12]
    - Formen von Konfliktbewältigung[13]
- Für Matth15 könnten das u.a. folgende Themen sein:
    - Die unterschiedlichen Möglichkeiten, mit Ablehnung umzugehen
    - Verstörung als Möglichkeit, neue Perspektiven zu entdecken

---

[12] Wenn ich Gen 4 in einem solchen Prozess erarbeite, beginne ich (vor dem Verlesen des Textes) mit folgender Übung: reihum erzählt jeder Teilnehmende, welche Erfahrungen er/sie mit dem eigenen Namen gemacht hat, mit dem Vor-, dem Haus- oder Spitznamen, Namensänderungen durch Heirat, Adoption inbegriffen. Wie weit ist Identifikation mit dem Namen gewesen oder gewachsen? Welche Ablehnung, welchen Kampf gegen den Namen hat es gegeben? - Was bedeutet es dann, wenn Eltern ihre Kinder Kain (Schmied, Macher, Starker) und Abel (Hauch, Nichts, „Luftikus") nennen?
[13] Vgl Paul Watzlawick: Lösungen 1. Und 2. Ordnung!

- o Besinnung auf Ressourcen und Stärken
- o Unterscheidung von Person und Problem: Wer ist Ross und wer ist Reiter? Dh: *Wer* hat ein Problem? Oder: *Wen* hat das Problem?

Hiermit ist der Prozess des Dialogs mit dem biblischen Text abgeschlossen.

Die nächsten beiden Schritte sind für Gruppen bestimmt, deren Mitglieder damit vertraut sind, eigenen Ideen Gestalt und Form zu geben.

Zu 7 und 8: Überlegungen zur kreativen Umsetzung + kreative Umsetzung

Hier können die Teilnehmenden in der Gruppe Ideen für kreative Umsetzungen des Bibelprozesses sammeln. Wenn der zeitliche Rahmen es erlaubt, wäre dann der Raum für Einzel- oder Gruppenarbeit (60 - 90 Minuten) gegeben. Anschließend sollten die Erarbeitungen im Plenum vorgestellt werden.

- • Für Gen 4 wäre denkbar:
  - o Ein Brief an Gott
  - o Ein Spontantheater im Plenum: Die Gerichtsverhandlung um Mord oder Totschlag
  - o Ein Gespräch mit den Eltern Adam und Eva

- o Ein Gespräch zwischen den Eltern Adam und Eva
- o Jahre später: Ein Interview mit Kain[14]
- o Eine Moritat (zu Gitarre oder Klavier) mit der „Moral von der Geschicht'"
- o U.a.m.

- • Für Matth 15 wäre denkbar:
  - o Ein Gespräch zwischen Tochter und Mutter nach deren Begegnung mit Jesus
  - o Eine Tagebuchaufzeichnung der Mutter nach 5 Jahren
  - o Das Erleben eines Außenstehenden [15]
  - o U.a.m.

Erfahrungsgemäß bekommen die Teilnehmenden an einem solchen Prozess (einschließlich des Leiters/der Leiterin) einen neuen, differenzierten Blick auf die biblische Geschichte - in jeder Hinsicht einen Perspektivwechsel. Es ist die Gegenbewegung zu dem, was der muslimische Gelehrte Dschalâl al-Din Muhammad al-Rûmi so zugespitzt hat: „Die Wahrheit war einst ein Spiegel in der Hand Gottes. Sie fiel und zerbrach in Stücke. Jeder nahm ein Stück davon, und

---

[14] S. meinen Text Nr. 1
[15] S. meinen Text Nr. 2

sie schauten es an und dachten, sie hätten die Wahrheit."

Die nachfolgenden 13 Texte zu biblischen Geschichten sind teils aus solchen Prozessen entstanden, teils nach langjähriger Übung und Praxis aus der Imagination solcher Prozesse.

Dass diese Texte meist monologischen oder dialogischen Charakter haben, ist der Situation geschuldet, dass ich sie in Seminaren zum Kurzgespräch einbringe.

III. Perspektivwechsel – Texte zu biblischen Geschichten

Es steht außer Frage: der größte Gewinn besteht in der Auseinandersetzung (in der Gruppe oder nach einiger Übung auch in der Einzelarbeit) mit dem biblischen Text über die vorgestellte Methode selbst.

Ich habe 13 Texte zusammengestellt, die aus einer derartigen Begegnung mit dem biblischen Text entstanden sind.

Da ich sie zu Beginn meiner Seminartage zum „Kurzgespräch" verwende, sind die inhaltlichen Aspekte und auch die Formen so gewählt, dass sie in Beziehung stehen zu den Inhalten und Methoden des Kurzgesprächs – z.B.

- an den Worten des Gegenüber bleiben
- geschlossene und offene Fragen
- Mut zur Verstörung
- Verschiedene Bedeutungen eines Wortes in der jeweiligen Tiefenstruktur der Sprache
- paradoxe Intervention
- Schlüsselwörter erkennen
- achten auf scheinbar unwichtige Worte
- Mustererkennung

Auch folgender Einsatz von entsprechenden Texten ist möglich und ausprobiert:

1. zusammen mit dem biblischen Text als Mittelpunkt einer Andacht
2. anstelle einer (traditionellen) Predigt
3. als „Zwischenglied" zwischen Lesung des Textes und der anschließenden Predigt, die dann einen anderen Charakter haben müsste als eine „Auslegung" des Textes)

1. Leben mit der Schuld
(Gen 4,1 – 16)

Bibeltext

Und Adam erkannte seine Frau Eva, und sie ward schwanger und gebar den Kain und sprach: Ich habe einen Mann gewonnen mithilfe des HERRN.

Danach gebar sie Abel, seinen Bruder. Und Abel wurde ein Schäfer, Kain aber wurde ein Ackermann.

Es begab sich aber nach etlicher Zeit, dass Kain dem HERRN Opfer brachte von den Früchten des Feldes.

Und auch Abel brachte von den Erstlingen seiner Herde und von ihrem Fett. Und der HERR sah gnädig an Abel und sein Opfer, aber Kain und sein Opfer sah er nicht gnädig an. Da ergrimmte Kain sehr und senkte finster seinen Blick.

Da sprach der HERR zu Kain: Warum ergrimmst du? Und warum senkst du deinen Blick? Ist's nicht so: Wenn du fromm bist, so kannst du frei den Blick erheben. Bist du aber nicht fromm, so lauert die Sünde vor der Tür, und nach dir hat sie Verlangen; du aber herrsche über sie.

Da sprach Kain zu seinem Bruder Abel: Lass uns aufs Feld gehen! Und es begab sich, als sie auf dem

Felde waren, erhob sich Kain wider seinen Bruder Abel und schlug ihn tot.

Da sprach der HERR zu Kain: Wo ist dein Bruder Abel? Er sprach: Ich weiß nicht; soll ich meines Bruders Hüter sein?

Er aber sprach: Was hast du getan? Die Stimme des Blutes deines Bruders schreit zu mir von der Erde. Und nun: Verflucht seist du auf der Erde, die ihr Maul hat aufgetan und deines Bruders Blut von deinen Händen empfangen. Wenn du den Acker bebauen wirst, soll er dir hinfort seinen Ertrag nicht geben. Unstet und flüchtig sollst du sein auf Erden.

Kain aber sprach zu dem HERRN: Meine Strafe ist zu schwer, als dass ich sie tragen könnte. Siehe, du treibst mich heute vom Acker, und ich muss mich vor deinem Angesicht verbergen und muss unstet und flüchtig sein auf Erden. So wird mir's gehen, dass mich totschlägt, wer mich findet.

Aber der HERR sprach zu ihm: Nein, sondern wer Kain totschlägt, das soll siebenfältig gerächt werden. Und der HERR machte ein Zeichen an Kain, dass ihn niemand erschlüge, der ihn fände.

So ging Kain hinweg von dem Angesicht des HERRN und wohnte im Lande Nod, jenseits von Eden, gegen Osten.

Interview mit Kain

Kö   Es war gar nicht so leicht, Sie ausfindig zu machen, Herr Kain. – Vielen Dank, dass Sie sich für dieses Gespräch Zeit genommen haben. Man liest, dass Sie sehr „unstet" sind. – Wie steht es zur Zeit um Sie?

Kain   „Unstet" ist gut! Nein, ich bin immer auf der Flucht!

Kö   Wovor genau fliehen Sie?

Kain   Hmm … Das hab ich mich auch schon gefragt. Ich glaube inzwischen: vor mir selbst. Und das ist das Schlimmste. Denn ich kann mir selbst ja nicht ausweichen.

Kö   Welche Weichenstellung wollen Sie jetzt vornehmen?

Kain   Welche „Weichenstellung" ich vornehmen will? Ich, Kain?

Kö   Ja, Sie, Kain! – Welche Weichenstellung?

Kain   … Ich muss mich entscheiden.

Kö   Entscheiden – wofür?

Kain   Wer ich sein will. Meine Mutter hat diesen Namen ausgewählt. Kain – das bedeutet so viel wie Schmied oder ‚Macher'. Bei meiner Geburt soll sie einer alten Familienlegende nach gesagt haben: „Ich habe mit Gott einen Mann gewonnen!"

Kö   Einen Mann gewonnen? Was war mit Ihrem Vater?

Kain   Der war so gut wie nie da. Und wenn er da war, war er nicht anwesend. Immer wieder hat er so Bemerkungen gemacht: „Am liebsten wäre ich allein geblieben; das mit der Frau war doch nicht so eine gute Idee." Ich habe von klein auf für meine Mutter einen Partnerersatz dargestellt. Das war auf der einen Seite erhebend: Ich war wichtig. Aber auf der anderen Seite - das sehe ich aber erst heute: Es war eine Überforderung. Ich durfte nie Kind und Jugendlicher sein. Ich weiß gar nicht, ob ich das war und bin, was ich sein sollte, oder was ich eigentlich bin.

Kö   Was ist Ihnen „zueigen"?

Kain: Wenn ich das wüsste! Ich war es gewohnt, der Erste zu sein, der, dem alles gelang; ich war der Sieger, der Macher, eben: Kain.

Kö   Und nun?

Kain   Und nun beginne ich zu ahnen, dass es noch einen anderen Blickwinkel gibt.

Kö   Und auf was blicken Sie da ahnungsweise?

Kain   Ich glaube, ich habe da eine Altlast meiner Eltern übernommen. Sie haben immer wieder von ‚früher' gesprochen, wo alles so paradiesisch gewesen sein soll: nur so in den Tag hinein leben, nicht arbeiten, einfach nur so da sein. Sie haben immer wieder mit Wehmut davon erzählt. Obwohl mir das, was sie erzählten, nur als langweilig vorkommt – aber vielleicht stehen Kinder der sog. „guten alten Zeit" der Eltern immer skeptisch gegenüber.

Kö   Wo stehen Sie heute und was sehen Sie heute?

Kain   Es gibt da so einen „Fluch", von dem meine Eltern erzählt haben, als sie das Paradies verlassen mussten (was und wie das auch immer gewesen sein mag – darüber haben die beiden sich immer ausgeschwiegen): Sie sollten fortan das Feld beackern mit harter Arbeit und mit Schweiß.

Kö   Und?

Kain   Meinen Vater habe ich nie auf dem Feld arbeiten sehen. Aber die beiden wollten unbedingt, dass ich, dass ich Ackermann, Bauer werden sollte.

Kö   Sie haben vorhin gesagt: „Ich sehe das heute alles aus einem anderen Blickwinkel". Was hat sich für Sie geändert?

Kain: Ich glaube, dass ich ihren ‚Fluch' (oder was auch immer) ausleben sollte. Mir wurde bedeutet: Du bist der Größte! Aber ich sollte in Wirklichkeit etwas stellvertretend für die Eltern leben…

... Ja, das war es doch! Ich musste die Vergangenheit meiner Eltern abarbeiten. Ich habe auf dem Acker geschuftet. Und mein Bruder Abel, dieser „Hauch", dieser „Luftikus", lebte in der Natur mit seinen Schafen – und die Eltern sagten dann ab und zu: „Ja, so ähnlich war das damals im Paradies!" - Da hatte plötzlich die Art, wie er lebte, mehr Geltung. Da sollte dann ich, Kain, weniger oder gar nichts gelten!

Kö: Und was war dann mit Ihrer Vergeltung?

Kain   Nein, ich bin kein übler Mörder. Ich sagte damals zu Abel: „Komm, lass uns auf's Feld gehen!" Ich wollte ihm zeigen, dass seine Schafe wieder einmal das junge Getreide auf meinen Feldern gefressen hatten. – Und er sagte: „Was kann ich dafür!?" – Und das war zu viel! -

Kö   Sie haben vorhin von einem „anderen Blickwinkel" gesprochen. Was ändert sich für Sie jetzt?

Kai   Vielleicht hört sich das seltsam an, aber eigentlich war nicht mein Bruder der Schuldige (mit ihm wurde ich ja nur verglichen), sondern schuld waren meine Eltern, weil sie mich – für sich – geopfert haben... Und dann sollte ich plötzlich nicht mehr die Nummer 1 sein. Das war unerträglich! Das tat weh!!!

Kö   Sie sind vom Opfer zum Täter geworden. –
       Und jetzt?

Kain   Ja, ich hab meine Strafe bekommen. Ich bin
       immer noch auf der Flucht – besonders vor
       mir selber.

Kö   Wohin genau fliehen Sie?

Kain   Ich weiß nicht. Ich finde keine Ruhe.

Kö   Was genau wollen Sie finden?

Kain   Ich will heraus finden, ob ich Opfer oder Täter
       bin.

Kö   Und wenn Sie - beides sind?

Kain   Meinen Sie?

Kö   Was meinen *Sie*?

Kain   Wenn ich auch Opfer sein darf, kann ich auch
       eher mit dem Täter in mir zurechtkommen.

Kö   Und dann?

Kain   Dann muss ich nicht mehr vor mir selbst weg-
       laufen …und nur fragen und fragen, ohne ei-
       ne Antwort zu bekommen.

Kö   Was wollen Sie jetzt ver-antworten? Was ist
       Ihr nächster kleiner Schritt?

Kain   Ich habe nie mehr mein Spiegelbild im Brun-
       nenwasser angesehen. Morgen, wenn die
       Sonne scheint, werde ich es tun. Ja, das wer-
       de ich tun.

Kö   Ich danke Ihnen für das Gespräch.

2. Heilung im Doppelpack
(Matth 15,21 – 28)

Die folgende Geschichte ist eine der verstörendsten in der gesamten Darstellung des Lebens und Wirkens Jesu von Nazareth – und das in doppelter Hinsicht.

Bibeltext

Und Jesus ging weg von dort und entwich in die Gegend von Tyrus und Sidon.

Und siehe, eine kanaanäische Frau kam aus diesem Gebiet und schrie: Ach, Herr, du Sohn Davids, erbarme dich meiner! Meine Tochter wird von einem bösen Geist übel geplagt.

Er aber antwortete ihr kein Wort. Da traten seine Jünger zu ihm, baten ihn und sprachen: Lass sie doch gehen, denn sie schreit uns nach.

Er antwortete aber und sprach: Ich bin nur gesandt zu den verlorenen Schafen des Hauses Israel.

Sie aber kam und fiel vor ihm nieder und sprach: Herr, hilf mir!

Aber er antwortete und sprach: Es ist nicht recht, dass man den Kindern ihr Brot nehme und werfe es vor die Hunde.

Sie sprach: Ja, Herr; aber doch essen die Hunde von den Brosamen, die vom Tisch ihrer Herren fallen.

Da antwortete Jesus und sprach zu ihr: Frau, dein Glaube ist groß. Dir geschehe, wie du willst! Und ihre Tochter wurde gesund zu derselben Stunde.

Ein Zeitzeuge berichtet

Es ist zwar schon lange her, aber diese Geschichte damals in der Nähe von Tyrus und Sidon kommt mir immer wieder in den Sinn. Warum? Weil damals etwas Unglaubliches passiert ist.

Aber ich will von vorn anfangen.

Ich gehörte damals zu den Leuten im Umfeld von Jesus. Ich war keiner von den Zwölfen, aber in unregelmäßigen Abständen begleitete ich ihn mit anderen Frauen und Männern auf seinen Wegen, sofern mein Beruf das zuließ.

Wir hatten eine ereignisreiche Zeit hinter uns:

- die Ablehnung Jesus in seiner Heimatstadt, die ihm mehr ausmachte, als er sich das anmerken lassen wollte
- die Ermordung Johannes des Täufers, die uns alle fast aus der Bahn geworfen hat

- die umwerfende Erfahrung, dass 5000 Menschen satt werden können, wenn sie miteinander teilen
- die Mutprobe des Petrus auf dem See Genezareth, die ihn beinahe das Leben gekostet hätte
- und dann sollte Jesus immer wieder von Gott reden, kranke Menschen heilen und vieles andere mehr.

Es war an der Zeit, eine Auszeit zu nehmen. Und Jesus bestand darauf, diese Auszeit im Ausland zu nehmen, „Lass uns für ein paar Tage da hingehen, wo mich, wo euch niemand kennt."

Als wir dann aber an unserem Ziel angekommen waren, in einer kleinen Herberge in der Nähe von Tyrus und Sidon, da lief alles ganz anders als gedacht:

Auf einmal tauchte da in dieser gottverlassenen Gegend eine Frau auf, die, was wir anderen gar nicht verhindern konnten, Jesus bedrängte. Er solle ihre Tochter heilen, die von einem bösen Geist geplagt werde. Und sie schrie und schrie und schrie.

Wir haben damals gar nicht darüber nachgedacht, woher diese kanaanäische Frau von Jesus wusste und wieso sie unseren Aufenthaltsort kannte.

Wir haben Jesus zunächst bewundert, dass er sich von diesem Auftritt gar nicht beeindrucken ließ. Er tat so, als wäre diese schreiende Frau gar nicht da.

Aber als das Drängen und Schreien gar nicht aufhörte, sahen wir das Ziel unseres Ausfluges gefährdet; und wir baten Jesus, der Frau doch, wie auch immer, zu helfen, damit wieder Ruhe einkehren konnte, denn die Frau ließ sich gar nicht beruhigen. Ich hatte den Eindruck, dass Jesu Ignoranz sie immer stärken werden ließ.

Und es eskalierte weiter. Jesus verhielt sich wie ein römischer Beamter, indem er schroff sagte: „Ich bin für dich nicht zuständig. Mein Auftrag ist auf Israel begrenzt. – Israel first!"

Und wieder ließ sich die Frau nicht einschüchtern. Doch es veränderte sich etwas. Sie sprach plötzlich nicht mehr von dem Problem, das sie mit ihrer Tochter hatte, sondern sie sprach von sich selbst: „Jesus, hilf *mir*!"

Da wurde es plötzlich ganz eng und irgendwie auch sehr intim. Wir anderen waren in dieser Situation, in der Begegnung zwischen Jesus und dieser Frau gefangen. Keiner von uns sagte ein Wort; man hätte – wenn es denn da draußen einen entsprechenden Boden gegeben hätte – eine Stecknadel fallen hören können.

Was dann passierte, hat nicht nur mich, hat alle schockiert. Vermutlich fühlte Jesus sich in die Enge getrieben. Aber sein Satz *„Es ist nicht recht, dass man den Kindern ihr Brot nehme und werfe es vor die Hunde!"* ... Ja, dieser Satz war extrem fremdenfeindlich, ja rassistisch. – Was würde jetzt geschehen? Würde die Frau aufgeben? Würde sie Jesus wegen seiner schlimmen Worte verfluchen?

Nichts dergleichen geschah. Nur eine lange Stille, die fast unerträglich war.

Und dann blickte sie Jesus unerschrocken an und sagte mit fester Stimme und gleichzeitig sanft: „Dein Bild vom Brot und den Kindern und den Hunden hat noch eine Kehrseite, die du nicht im Blick hast. Denn es *„fressen die Hunde von den Brosamen, die vom Tisch ihrer Herren fallen."*

Jesus war verblüfft, sprachlos. Diese fremde Frau hatte ihn mit seinen eigenen Worten geschlagen, ihm sein abwertendes Bild von den Hunden ins Positive verkehrt und seine Ablehnung und seinen Widerstand gebrochen.

Wir haben nachher überlegt, ob die Frau diese Konfrontation gebraucht hat, um von ihrer Opferrolle loszukommen und zur eigenen Stärke zu finden. Und ob sie geheilt war oder die Tochter. Oder ob möglicherweise beides miteinander zu tun hatte. Denn ein *„böser Geist"* steckt ja oft nicht nur in einer Person, sondern in der Beziehung zwischen Personen.

Wir haben damals mit Jesus nicht mehr über diese Situation gesprochen. Aber wir spürten: Es war etwas anders geworden. Nein: Jesus war anders geworden.

Einer von uns hat dann, als wir ganz unter uns waren, den steilen Satz gesagt: „Diese Begegnung mit dieser Frau hat Jesus gebraucht, sie hat ihn geheilt!"

Ich habe diesen Satz erst später verstanden. Wir haben uns in der Zeit danach immer wieder angesehen, wenn Jesus danach die „Ungläubigen", die „Hunde" den eigenen Glaubensbrüdern und –schwestern als Vorbild vor Augen hielt. Und es war deutlich, dass er seitdem seinen Auftrag nicht mehr nur auf Israel begrenzt gesehen hat; sein Horizont hatte sich erweitert.

Merkwürdig: Eine heftige Begegnung und eine Heilung im Doppelpack! –

Ich überlege manchmal im Nachhinein, ob nicht diese Frau einen Anteil daran hat, dass die Jesus-Bewegung nicht eine israelitische Sekte geblieben, sondern grenzüberschreitend und völkerverbindend geworden ist!

Schade, dass wir ihren Namen nicht kennen!

3. Die Ölkrise
(Matth 25,1-13)

Bibeltext

Dann wird das Himmelreich gleichen zehn Jungfrauen, die ihre Lampen nahmen und gingen hinaus, dem Bräutigam entgegen.

Aber fünf von ihnen waren töricht und fünf waren klug.

Die törichten nahmen ihre Lampen, aber sie nahmen kein Öl mit.

Die klugen aber nahmen Öl mit in ihren Gefäßen, samt ihren Lampen.

Als nun der Bräutigam lange ausblieb, wurden sie alle schläfrig und schliefen ein.

Um Mitternacht aber erhob sich lautes Rufen: Siehe, der Bräutigam kommt! Geht hinaus, ihm entgegen!

Da standen diese Jungfrauen alle auf und machten ihre Lampen fertig.

Die törichten aber sprachen zu den klugen: Gebt uns von eurem Öl, denn unsre Lampen verlöschen.

Da antworteten die klugen und sprachen: Nein, sonst würde es für uns und euch nicht genug sein; geht aber zu den Händlern und kauft für euch selbst.

Und als sie hingingen zu kaufen, kam der Bräutigam; und die bereit waren, gingen mit ihm hinein zur Hochzeit, und die Tür wurde verschlossen.

Später kamen auch die andern Jungfrauen und sprachen: Herr, Herr, tu uns auf!

Er antwortete aber und sprach: Wahrlich, ich sage euch: Ich kenne euch nicht.

Darum wachet! Denn ihr wisst weder Tag noch Stunde.

Gespräch mit dem Evangelisten Matthäus

K   Lieber Matthäus, ich tue mich schwer mit diesem Gleichnis von den Jungfrauen, das du am Ende deines Evangeliums aufgezeichnet hast.

        Ich weiß, die Gemeinde damals nach Ostern hatte das Problem, dass die Wiederkunft Jesu auf sich warten ließ. Diese Erwartung hat sich bis heute nicht erfüllt; und, ehrlich gesagt, wir warten auch wirklich nicht mehr darauf. Unsere Wirklichkeit ist von anderen Dingen geprägt; und da frage ich mich, was wir mit diesem Gleichnis anfangen sollen.

M   Du sagst, du tust dich schwer. Was genau ist das Schwere, das Schwierige daran?

K   Dieses Gleichnis widerspricht dem, was wir sonst von Jesus wissen bzw. hören.

M   Und das wäre?

K   Hier in diesem Gleichnis gibt es Gewinner und Verlierer. Und die Verlierer haben dort endgültig verloren. Und im Evangelium Jesu, in seiner freimachenden Botschaft von der Menschenfreundlichkeit Gottes wird doch (als Zentrum) hervor gehoben, dass dieser Gott gerade das Verlorene sucht (Gleichnis vom verlorenen Sohn, vom verlorenen Schaf, vom verlorenen Groschen - Luk 15). – Wie passt das zusammen?

M   Doch, das passt zusammen – es sind die zwei Seiten ein und derselben Medaille.

Weißt du, die Gleichnisse vom Verlorenen, die du angesprochen hast, erzählen von der großen Liebe Gottes, die niemanden verloren gibt. Das ist richtig; und das hat Jesus gelebt und gepredigt; er hat niemanden ausgegrenzt.

Aber heißt „übergroße Liebe Gottes" auch: Ihm ist alles egal?

Ich denke an den Jogger, dem freilaufende Hunde hinter herlaufen – und Herrchen oder Frauchen rufen aus der Ferne: „Der ist ganz lieb, der tut nichts". – Jesus hat nie gesagt: Gott ist ganz lieb, der tut nichts!

K Aber Jesus hat doch gelehrt: Gott nimmt jeden Menschen so an, wie er ist (Zachäus u.a.m.). Wie ist dann der Ausschluss der Jungfrauen, die angeblich nicht angemessen klug waren, zu verstehen?

M Das ist kein Gegensatz, sondern das ist die andere Seite der Medaille. Wenn Gott den Menschen annimmt, wie er ist, heißt das doch nicht, dass er ewig so bleiben soll. Sondern die Annahme ohne Bedingungen will doch gerade die Freiheit ermöglichen, dass sich jemand von seinen festgefahrenen Lebensmustern lösen und einen neuen Weg gehen kann - so z.B. Zachäus, der sich angenommen fühlt und dann mit seinem Geld neu umgeht.

K Dann meint Freiheit in der Botschaft Jesu nicht : Ich kann bleiben, wie ich bin; sondern: Ich kann so werden, wie Gott mich gewollt hat?

M Ja, so ungefähr. Ich würde es anders sagen: Du bist angenommen, wie du bist, damit du Verantwortung für dein Leben übernehmen kannst.

K Verantwortung?

M Ja, Verantwortung. Es ist eben nicht alles egal! – Und darauf will ich mit dem Gleichnis Jesu am Ende meines Evangeliums aufmerksam machen: Es ist nicht alles egal! Die Liebe Gottes ist nicht die Decke, die alles zudeckt, sondern der Impuls, das von Gott geschenkte Leben zu leben und die Verantwortung für dieses Leben zu übernehmen. Leider gibt es das ja, dass Menschen das Fest des Lebens nicht erleben, weil sie in ihren festen Mustern bleiben und keine neuen Türen aufmachen. Es gibt ja Türen; und die sind nicht verschlossen, auch wenn es manchmal so aussieht.

K   In dem Gleichnis kommt die Hälfte der Jungfrauen nicht zum Fest. Das ist doch hart und nicht tröstlich.

M   Es geht auch hier nicht um Trost. Es geht auch in diesem Gleichnis nicht darum zu sagen: So ist es! – Nein, es geht in diesem Gleichnis darum, dass du hörst: Pass auf, dass es dir so nicht geschieht! Das wäre nämlich schade!

K   Ja, damit kann ich leben, wenn dieses Gleichnis keine Festschreibung ist, sondern umgekehrt: Das Leben hält noch etwas anderes für dich bereit; versäume nicht, die Tür dazu aufzumachen!

Ja, so kann ich das gut hören. –

Aber da habe ich dann doch eine Frage: Was ist mit dem Öl in den Lampen gemeint?

M   Du fragst das theoretisch. Ich frage dich ganz persönlich: Wie viel Energie setzt Du für das ein, was für Dich wichtig ist?!

4. Die nordfriesische Schweineschwanz-Methode (Mk 10,17 – 27)

Bibeltext

Und als er hinausging auf den Weg, lief einer herbei, kniete vor ihm nieder und fragte ihn: Guter Meister, was soll ich tun, damit ich das ewige Leben ererbe?

Aber Jesus sprach zu ihm: Was nennst du mich gut? Niemand ist gut als der eine Gott.

Du kennst die Gebote: "Du sollst nicht töten; du sollst nicht ehebrechen; du sollst nicht stehlen; du sollst nicht falsch Zeugnis reden; du sollst niemanden berauben; du sollst deinen Vater und deine Mutter ehren."

Er aber sprach zu ihm: Meister, das habe ich alles gehalten von meiner Jugend auf.

Und Jesus sah ihn an und gewann ihn lieb und sprach zu ihm: Eines fehlt dir. Geh hin, verkaufe alles, was du hast, und gib's den Armen, so wirst du einen Schatz im Himmel haben, und komm, folge mir nach!

Er aber wurde betrübt über das Wort und ging traurig davon; denn er hatte viele Güter.

Und Jesus sah um sich und sprach zu seinen Jüngern: Wie schwer werden die Reichen in das Reich Gottes kommen!

Die Jünger aber entsetzten sich über seine Worte. Aber Jesus antwortete wiederum und sprach zu ihnen: Liebe Kinder, wie schwer ist's, ins Reich Gottes zu kommen!

Es ist leichter, dass ein Kamel durch ein Nadelöhr gehe, als dass ein Reicher ins Reich Gottes komme.

Sie entsetzten sich aber noch viel mehr und sprachen untereinander: Wer kann dann selig werden?

Jesus sah sie an und sprach: Bei den Menschen ist's unmöglich, aber nicht bei Gott; denn alle Dinge sind möglich bei Gott.

Eine mögliche Heilungsgeschichte

Als Jugendlicher habe ich mich über Jesus in dieser Geschichte geärgert: Da kommt ein junger Mann mit einem ernstzunehmenden Anliegen; und Jesus lässt ihn auflaufen, so dass der traurig weggeht. Und dann wird noch erzählt, Jesus habe ihn angesehen und ihn lieb gewonnen.

Dies ist die einzig uns bekannte Geschichte, in der berichtet wird, dass Jesu Ruf in die Nachfolge gescheitert ist. Oder doch nicht ganz?

Ich bin überzeugt: In dem Gespräch zwischen dem jungen Mann und Jesus geht es nicht ums Geld (wie die traditionellen Überschriften in der Bibel –

„Der reiche Jüngling" und „Die Gefahr des Reichtums" − nahe legen könnten), sondern um eine Haltung, die auch, aber nicht nur mit Geld zu tun hat.

Jesus hat nicht das Geld verteufelt. Denn auch das „Unternehmen Jesus" war auf Geld angewiesen. Wir wissen, dass besonders reiche Frauen Jesus und seine Jünger gesponsert haben.

Und wenn es hier nur um Geld und Reichtum ginge, wie ist dann das Entsetzen der Jünger nach den Worten Jesu zu verstehen? Sie fühlten sich doch selbst angesprochen.: *„Wer kann dann selig werden?"*
Um welche Haltung geht es also?

Der junge Mann sucht das Gespräch mit Jesus, weil er die Sehnsucht nach einem Leben hat, das durch Reichtum nicht gestillt wird. Er ist also keiner, der *„dem Mammon dienen"* will. Hier will jemand noch etwas anderes aus seinem Leben machen über Reichtum und das Einhalten von Geboten hinaus.

Und ich begreife, dass Jesus die Not des jungen Mannes sieht und in diesem kurzen Gespräch, das uns da überliefert ist, auf den „Kern" zugeht. Es geht Jesus nicht um Geld und Reichtum „an sich", sondern um diesen jungen Mann, der da vor ihm steht.

Timm Lohse hat in seinem Buch „Das Kurzgespräch in Seelsorge und Beratung"[16] eine seelsorgliche bzw. beraterische „Methode" beschrieben, die m.E. ein neues Licht auf den uns vorliegenden Gesprächsverlauf und den darin erkennbaren Kern werfen kann:

„Die … Aufgabe setzt bei der beratenden Person die Kunst einer paradoxen Haltung voraus: ‚Es ist Ihnen wirklich nicht zu helfen, aber ich bin bereit, Ihnen zu helfen!' Während meiner Kindheit in einem nordfriesischen Dorf beobachtete ich, mit welchem Trick die Bauern ihre zum Schlachten bestimmte Sau auf den Wagen brachten: sie packten die Sau beherzt an ihrem Schwanz und zogen kurz und entschieden nach hinten, dann ließen sie los, und die Sau sauste auf den Wagen.

Diese Nordfriesische Schweineschwanzmethode[17] lässt sich (mit Abstrichen) auf das Kurzgespräch übertragen, wenn es darum geht, Lösungen zu erwirken: Je entschiedener die beratende Person betont, dass offensichtlich keine Lösungsaussicht besteht, desto wahrscheinlicher wird die ratsuchende Person die bisherige (fixierte) Lösungsroute verlassen und mit

---

[16] Timm Lohse, Das Kurzgespräch in Seelsorge und Beratung. Eine methodische Anleitung. Vandenhoeck & Ruprecht. 4. Aufl. 2013, S. 120
[17] Anmerkung des Verfassers: Ich weiß inzwischen, dass dieser Trick nicht nur in Nordfriesland üblich war.

einem ‚Sprung nach vorn' ganz woanders zur Lösung ansetzen."

Da will jemand etwas tun, um ein Leben zu leben, das vor Gott bestehen kann. Ich habe die Phantasie: Wenn Jesus dem jungen Mann gesagt hätte „mach doch dieses oder jenes!", dann hätte der es getan, hätte aber nach einer gewissen Zeit mit derselben Frage wieder vor Jesus gestanden.

Stattdessen konfrontiert Jesus ihn mit der Anforderung der Gebote und erhält die Antwort: *„Das habe ich alles gehalten von meiner Jugend auf"*. Jesus sieht hier einen Menschen vor sich, dessen Lebenshaltung es ist, dass alles, auch erfülltes Leben machbar sein müsse. Und deshalb jetzt die paradoxe Intervention Jesu: Dann musst du noch mehr machen, nämlich lassen.

Es ist der Hinweis darauf, dass Leben vor Gott nicht nur aus Machen und Tun und Leistung besteht, sondern aus Geben und Nehmen, aus Empfangen und Weitergeben, aus Tun und Lassen.[18] Leben ist zunächst einmal Geschenk.

Der junge Mann versteht die Worte Jesu als Konfrontation; und er geht unmutig und traurig weg, weil

---

[18] Vgl. EG 163. In diesem Lied, in dem es auch um „ewiges Leben" geht, wird die Bitte ausgesprochen: Gott „segne unser Tun und Lassen".

das sein überkommenes und erworbenes Lebensver-
ständnis in Frage stellt.

Keine Nachfolge! Alles vergeblich?

Mir geht das nach, dass er unmutig und traurig
weggeht. Das heißt ja, dass Jesu Konfrontation etwas
bewirkt hat. Zunächst Unmut und Trauer. Ich habe
als Pfarrer gelernt, dass Trauer eine Funktion für das
Leben hat, nämlich den Schmerz des Verlustes zu
verarbeiten und den Prozess des Loslassens zu beför-
dern. Nur dann kann (neues) Leben gelingen.

Und insofern bin ich vorsichtig optimistisch, dass
das uns berichtete Gespräch nicht vergeblich war.
Vielleicht war es der Anfang einer Heilungsgeschichte.

5. Erfahrung kann dumm machen
(Luk 5.1 – 11)

Bibeltext

Es begab sich aber, als sich die Menge zu ihm drängte, zu hören das Wort Gottes, da stand er am See Genezareth. Und er sah zwei Boote am Ufer liegen; die Fischer aber waren ausgestiegen und wuschen ihre Netze.

Da stieg er in eines der Boote, das Simon gehörte, und bat ihn, ein wenig vom Land wegzufahren. Und er setzte sich und lehrte die Menge vom Boot aus.

Und als er aufgehört hatte zu reden, sprach er zu Simon: Fahre hinaus, wo es tief ist, und werft eure Netze zum Fang aus!

Und Simon antwortete und sprach: Meister, wir haben die ganze Nacht gearbeitet und nichts gefangen; aber auf dein Wort hin will ich die Netze auswerfen.

Und als sie das taten, fingen sie eine große Menge Fische, und ihre Netze begannen zu reißen. Und sie winkten ihren Gefährten, die im andern Boot waren, sie sollten kommen und ihnen ziehen helfen. Und sie kamen und füllten beide Boote voll, sodass sie fast sanken.

Da Simon Petrus das sah, fiel er Jesus zu Füßen und sprach: Herr, geh weg von mir! Ich bin ein sündiger Mensch.

Denn ein Schrecken hatte ihn erfasst und alle, die mit ihm waren, über diesen Fang, den sie miteinander getan hatten, ebenso auch Jakobus und Johannes, die Söhne des Zebedäus, Simons Gefährten.

Und Jesus sprach zu Simon: Fürchte dich nicht! Von nun an wirst du Menschen fangen.

Und sie brachten die Boote ans Land und verließen alles und folgten ihm nach.

Interview mit Fischer Petrus

Aus der Jerusalem-Post (Dienstagsausgabe)**:**

Aufregung am Hafen des Sees Genezareth!
Wanderprediger stellt bewährte Fischererfahrungen auf den Kopf!
Am Montag hatten die Fischer am See Genezareth einen schwarzen Tag erwischt. Die Fangausbeute der Nacht war gleich null. Ein Wanderprediger, von Hause aus ein Handwerker aus dem holzverarbeitenden Gewerbe, gab den Tipp, es in den späten Morgenstunden noch einmal zu versuchen – mit hervorragendem Erfolg. Das Fangergebnis war sensationell. Viele der Anwesenden waren außer sich und sprachen von einem Wunder.

Experten bestätigten uns, dass die Möglichkeit für den Fang prinzipiell am Aussichtsreichsten sei, wenn die Fische in den sehr frühen Morgenstunden zur Futtersuche aufbrächen. Aber andere Zeiten seien durchaus auch möglich, und außerdem käme es auch auf die Art der Fische an, so dass man keine absoluten Voraussagen machen könne. Von einem Wunder da nicht die Rede sein.

Die Euphorie im Zusammenhang mit dem Wanderprediger ist erstaunlich und kaum nachvollziehbar.

Wir werden in dieser Angelegenheit weiter recherchieren und versuchen, Kontakt mit Beteiligten aufzunehmen.

Das Interview

J	Ich bin Mitarbeiter der „Jerusalem Post" und möchte Sie, Petrus, gern zu den Ereignissen am letzten Montag befragen.
P	Zu welchen Ereignissen?
J	Sie und Ihre Kollegen sollen am Montag vor einer Woche mit einem schlechten Fangergebnis wieder in den Hafen zurück gekehrt sein.
P	Ja, das stimmt!
J	Und ?

P	Ja, das kommt schon mal vor. Ist aber nicht schlimm; das gleicht sich schon wieder aus.
J	Ja, aber dann gab es dann doch noch eine Fortsetzung.
P	Ja, das stimmt. Dieser Wanderprediger Jesus hat uns ermutigt, noch einmal 'rauszufahren.
J	Und?
P	Das haben wir dann auch getan, obwohl wir von unserer Erfahrung her nicht viel Hoffnung hatten.
J	Und?
P	Ja, dann war das Ergebnis wider Erwarten ganz gut – obwohl manche nachher das Ergebnis etwas aufgebauscht und übertrieben haben.
J	Ja, aber ich verstehe dann nicht die ganze Aufregung bei Ihnen und Ihren Kollegen.
P	Es ging und geht ja nicht um Fische.
J	Sondern?
P	Um eine Erfahrung, eine neue Erfahrung, gewissermaßen eine Erfahrung neben der Erfahrung.
J	Aber Sie sind doch erfahrene Fischer und wissen – aus Erfahrung, wann die beste Zeit für's Fischen ist...
P	Ja, das ist richtig: Und wir werden auch weiterhin nachts und in den frühen Morgenstunden fischen. Aber …

J   Aber?

P   Ich habe eine wichtige neue Erfahrung gemacht.

J   Aber Sie sind doch in Ihrem Beruf erfahren. Und dann lassen Sie sich auf die Aufforderung eines Berufsfremden ein – gegen all Ihre Berufserfahrung!?

P   Ja. Und ich sagte schon: Es geht gar nicht um Fische!

J   Wenn es nicht um Fische und nicht um Erfahrung geht, worum denn dann?

P   Um Erfahrung geht es schon. Und Erfahrung ist wichtig – im Persönlichen und im Beruf. Aber: Erfahrung kann auch dumm machen!

J   „Erfahrung kann auch dumm machen." – Wie das???

P   Wie gesagt, es ging und geht ja gar nicht um Fische. Jesus hatte vorher vom Boot her darüber gesprochen, dass bei Gott manches anders ist, als Menschen es bisher von ihren Mitmenschen erfahren haben. Und nach dem Fang hat er dann mir und meinen Kollegen gesagt: „Ihr sollt zu Menschenfischern werden!" Dh: wir sollten den Menschen nahe bringen, wie Menschen nach Gottes Willen miteinander umgehen sollten: in gegenseitiger Achtung, Respekt und Liebe.

J   Und?

P   Da ist es doch wichtig, dass wir nicht nur denken und sagen:

- „ich hab da meine Erfahrung …"
- „meine Erfahrungen sprechen dagegen"
- „aus meiner langjährigen Erfahrung sage ich dazu nein!"

J   Woran genau denken Sie da, wenn es nicht, wie Sie sagen, um Fische geht?

P   Ich denke da an Menschen (und ich nehme mich da gar nicht aus), die mal jemandem geholfen und damit Schiffbruch erlitten haben und dann sagen: Ich helfe keinem Menschen mehr! Ich habe da meine Erfahrung.

Oder ich denke an Menschen, denen das Vertrauen in die Mitmenschen total verloren gegangen ist, weil sie in einer Zweierbeziehung Schiffbruch erlitten haben und fortan in der Verbitterung verharren.

Oder, oder, oder …

All die sind Menschen, die gewissermaßen die ganze Nacht gefischt und nichts gefangen haben. Sie sind fertig mit den Menschen, der Gesellschaft, dem Glauben. – Ihre Erfahrung spricht gegen jeden neuen Versuch, mit dem Leben und dem Glauben zu beginnen.

J   Jetzt sind wir ja vom Fischen fast ins Philosophische geraten. – Aber sagen Sie noch eines:

es wird erzählt, ein Schrecken habe Sie damals erfasst.

P   Ja, das stimmt. Aber es war kein Erschrecken über die Fische, die wir gefangen hatten. Darüber haben wir uns natürlich gefreut. Es war das Erschrecken darüber, dass ich mich in meinem Leben so oft und immer wieder auf meine Erfahrung berufen hatte. Und das war dann zu einem Alibi dafür geworden, Neues und Ungewohntes von mir fernzuhalten. Das zu erkennen, hat mich sehr verstört. – Kennen Sie das von sich auch?

J   Darüber möchte ich jetzt nicht sprechen. Aber es macht mich nachdenklich.

Auf jeden Fall danke ich Ihnen für das Gespräch!

6. Quo vadis?
   (Luk 10,25 -37)

Bibeltext

Und siehe, da stand ein Gesetzeslehrer auf, versuchte ihn und sprach: Meister, was muss ich tun, dass ich das ewige Leben ererbe?

Er aber sprach zu ihm: Was steht im Gesetz geschrieben? Was liest du?

Er antwortete und sprach: "Du sollst den Herrn, deinen Gott, lieben von ganzem Herzen, von ganzer Seele und mit all deiner Kraft und deinem ganzen Gemüt, und deinen Nächsten wie dich selbst"

Er aber sprach zu ihm: Du hast recht geantwortet; tu das, so wirst du leben.

Er aber wollte sich selbst rechtfertigen und sprach zu Jesus: Wer ist denn mein Nächster?

Da antwortete Jesus und sprach: Es war ein Mensch, der ging von Jerusalem hinab nach Jericho und fiel unter die Räuber; die zogen ihn aus und schlugen ihn und machten sich davon und ließen ihn halb tot liegen.

Es traf sich aber, dass ein Priester dieselbe Straße hinabzog; und als er ihn sah, ging er vorüber.

Desgleichen auch ein Levit: Als er zu der Stelle kam und ihn sah, ging er vorüber.

Ein Samariter aber, der auf der Reise war, kam dahin; und als er ihn sah, jammerte es ihn; und er ging zu ihm, goss Öl und Wein auf seine Wunden und verband sie ihm, hob ihn auf sein Tier und brachte ihn in eine Herberge und pflegte ihn.

Am nächsten Tag zog er zwei Silbergroschen heraus, gab sie dem Wirt und sprach: Pflege ihn; und wenn du mehr ausgibst, will ich dir's bezahlen, wenn ich wiederkomme.

Wer von diesen dreien, meinst du, ist der Nächste geworden dem, der unter die Räuber gefallen war?

Er sprach: Der die Barmherzigkeit an ihm tat.

Da sprach Jesus zu ihm: So geh hin und tu desgleichen!

Gedanken eines Davongekommenen

Ich weiß nicht, wie es weiter gehen soll.
Nein, ich weiß nicht, wie *ich* weiter gehen soll.
Nein, ich weiß nicht, wie ich weiter gehen *will* ... und *wohin*.

Es ist verrückt: ich bin mit dem Leben davon gekommen – gegen alle Wahrscheinlichkeit. Ich müsste froh und dankbar sein – Halleluja!!!
Aber: ...
Aber: Sie verstehen mich sicher so nicht; ich bin noch ganz durcheinander, obwohl mir vieles ganz klar ist ...

Aber: So allmählich klärt sich so einiges.

Als ich aufwachte heute Morgen, lag ich in einem fremden Haus auf einer Matte und versuchte, mich zu erinnern.Was war eigentlich geschehen?

Und dann fiel mir alles wieder ein: der Weg von Jerusalem nach Jericho - und wie dann plötzlich diese Straßenräuber vor mir auftauchten und mein Geld verlangten; und als sie's hatten, schlugen sie mich zusammen und ließen mich halbtot liegen. Niemand weit und breit, der mir hätte zur Hilfe kommen können.

Und dann kam doch jemand – ein Priester, wie ich an seiner Kleidung erkannte ... und dann noch jemand, ein Levit, ein Tempeldiener ...Ich konnte nicht schreien, um auf mich aufmerksam zu machen; aber ich bin sicher: beide haben mich gesehen. - Und beide gingen vorüber ...

... vielleicht, weil sie es eilig hatten

... vielleicht, weil sie sich die Hände nicht schmutzig machen wollten

... vielleicht, weil sie eine Falle vermuteten und Angst um das eigene Leben hatten ...

Egal. Für mich schien mein Ende besiegelt. Ich hatte jede Hoffnung aufgegeben.

Und dann kam dieser Händler aus Samarien; der stieg ab und kam zu mir. Geschickte Hände hatte er, der Samaritaner; und es tat gar nicht so weh, als er die Wunden versorgte und mich auf sein Maultier hob. –

Aber heute Morgen, da tat alles weh. Ich wollte unbedingt mit dem Wirt sprechen. Der sagte, es sei alles schon bezahlt. Der Mann aus Samarien komme regelmäßig hier vorüber. Und er habe versprochen, auch für weitere Kosten aufzukommen, wenn nötig.

Da hätte ich ja noch einmal Glück gehabt, meinte der Wirt, Glück im Unglück sozusagen! Natürlich habe ich mich bedankt. Aber ich musste weg, allein sein, nachdenken,

Ich hatte das Gefühl, dass mein Weg von Jerusalem nach Jericho noch eine Fortsetzung haben würde, haben müsste … Aber ich weiß nicht, welche.

Und dann kommen immer wieder diese Bilder: diese Räuber, wie sie mich bedrohten, mir meinen Besitz abnahmen, mich schlugen, auf mich eintraten …

An die Gesichter kann ich mich gar nicht mehr erinnern. Es ging alles so schnell. Aber eigentlich hatten die Räuber so ausgesehen wie andere Leute auch. - Wie wird man eigentlich zum Räuber? Das muss doch Gründe haben.

Und immer wieder die Bilder von dem Priester und dem Leviten und das Gefühl, die Rettung naht – und dann …

Erschreckend, dass man den eigenen Leuten nicht mehr trauen kann, die zum gleichen Volk gehören, den gleichen Glauben haben ... Was verbindet? Was ist überhaupt noch verbindlich?

Eigentlich müsste ich jetzt in den Tempel gehen und ein Dankopfer bringen für meine Rettung. Das wäre normal.

Aber: Womöglich haben die jetzt beide dort Dienst, der Priester und der Levit. Und vielleicht sagen sie: „Lasst uns Gott danken, dass du gnädig davon gekommen bist. Es gibt eben doch noch Nächstenliebe in dieser Welt!"

Was soll ich dann sagen? Soll ich sagen: „Ja, ich bin noch einmal davongekommen, obwohl ihr Herren an mir vorüber gegangen seid und mir nicht geholfen habt. Wisst ihr, wer mich gerettet hat!?! Ein Mann aus Samarien, ein Ausländer, ein Ungläubiger. Und jetzt sagt mir ja nicht, ich sei unrein, weil ich mir von so einem habe helfen lassen. Kommt mir ja nicht mir so was. Ich glaube seit gestern nicht mehr, dass es das Wichtigste ist, saubere Hände zu haben und sich aus allem heraus zu halten!"

Aber werde ich das wirklich sagen? Werde ich den Mut dazu haben? Wahrscheinlich werde ich schweigen und mein Opfer abliefern und wieder gehen.

Und ich ahne in der Tiefe meiner Seele, warum ich nur so halbherzig wütend bin. Warum musste mir gerade so einer helfen?! Ich habe ja so oft mit geschimpft und mit gelästert, wenn es um „die da" ging.

Ich hatte ja dieselben Vorurteile wie alle anderen auch.

Und jetzt: Das mit „die da" kann jetzt einfach nicht so weiter gehen. Einer muss schließlich damit aufhören, sonst geht alles immer so weiter, und Hass und Angst und Feindschaft und Gewalt nehmen immer mehr zu.

Der Samaritaner ist mir am nächsten gewesen, als ich mich von Gott und der Welt verlassen sah.
Was ist jetzt für mich als Nächstes dran?!
Nichts mehr so wie vorher.
Nein, ich gehe jetzt nicht in den Tempel. Ich brauche Zeit, um über alles nachzudenken.
Ich glaube, Gott braucht nicht meinen Dank, sondern dass ich *nach*denke und dann vielleicht auch *um*denke.
Was ich als Nächstes tue?
Ich kann nicht sofort die ganze Welt verändern.
Aber – und das ist mir jetzt klar: Mein erster kleiner Schritt wird sein, dass ich von meinem Erlebnis erzähle und davon, was sich bei mir verändert hat.
Ja, das ist mir jetzt klar. Gott sei Dank!

7. „Let it be!"
(Luk 10,38 – 42)

Bibeltext

Als sie aber weiterzogen, kam er in ein Dorf. Da war eine Frau mit Namen Marta, die nahm ihn auf. Und sie hatte eine Schwester, die hieß Maria; die setzte sich dem Herrn zu Füßen und hörte seiner Rede zu.

Marta aber machte sich viel zu schaffen, ihnen zu dienen. Und sie trat hinzu und sprach: Herr, fragst du nicht danach, dass mich meine Schwester lässt allein dienen? Sage ihr doch, dass sie mir helfen soll!

Der Herr aber antwortete und sprach zu ihr: Marta, Marta, du hast viel Sorge und Mühe.

Eins aber ist not. Maria hat das gute Teil erwählt; das soll nicht von ihr genommen werden.

Beratungsgespräch mit Marta – ein Gesprächsprotokoll

Eine Anfrage hatte ich bekommen: Kirchenkreis-Frauen-Tag sollte sein; und ich wurde angefragt, ob ich die Andacht übernehmen könne:
‚Maria und Marta' (Luk 10) sollte das Thema sein.
Nach kurzem Zögern habe ich zugesagt.

Diese Anfrage und meine vielleicht zu spontane Zusage haben mich dann etwas unter Druck gesetzt. Die Erwartung war, ich sollte zu diesem Thema, zu diesem Anlass etwas Kluges sagen, und dann noch als Mann zu vielen Frauen.

Ich schreibe es diesem Druck zu, dass ich in der Nacht nach meiner Zusage einen Traum hatte, an den ich mich sehr genau erinnere.

Mir träumte: Ich saß in meinem Arbeitszimmer und wartete auf eine Ratsuchende, die sich zum Gespräch angemeldet hatte. Ich saß da und wartete und versuchte, mich zu erinnern, wer denn da genau kommen wollte und um was es denn ginge – vergeblich!

Als sie erschien, gekleidet wie eine der Araberinnen, wie sie manchmal an meine Tür kommen (weil ich als evangelischer Pastor eine Zeit lang auch gleichzeitig der Imam der Muslime war), da wusste ich sofort: Es ist Marta!

Zielstrebig setzt sie sich – und ohne wirkliche Begrüßung sagt sie:

M o1   Ich hab' mich fürchterlich geärgert! (*stößt erregt Luft aus*)

K o2   Oh, weil ich über diese Geschichte da mit Ihnen, Ihrer Schwester und Jesus eine Andacht machen soll? Und dann auch noch als Mann? Und vor so vielen Frauen?

M o3   Ach, das ist mir ganz egal, was Sie da machen. Es ist schon damals seltsam gelaufen. Eigentlich hätte *ich* der Fels sein müssen, auf den Christus seine Kirche hätte … bauen müssen; denn ich habe das erste Christusbekenntnis gesprochen, nicht Petrus. Stattdessen hat die Kirche mich später zur Schutzpatronin für das Hotel- und Gaststättengewerbe ernannt. Lachhaft!!! Und heute: wenn ich die Predigten von TheologInnen höre über diese Begebenheit, die von Lukas aufgezeichnet worden ist – alles nur Unsinn!!! Die einen sagen: Maria sei eben für das Gespräch mit Jesus offen gewesen, ich nur für die Hausarbeit. – Wer mich wirklich kennt, würde nicht so einen Unsinn reden. – Und in anderen Predigten werden so hobby-psychologische Plattheiten verkündet wie: jede und jeder hat einen Anteil von einer Maria und einer Martha in sich … oder ähnlich.

K o4   Und Sie möchten nicht, dass ich diesen „Unsinn", wie Sie sagen, in meiner Andacht wiederhole.

M o5   Ach, es ist mir egal, was Sie sagen! Es stört mich nicht mehr!

K o6   Sie haben vorhin gesagt: „Ich hab' mich fürchterlich geärgert". – Worüber genau?

M o7   Über Maria natürlich! Sie müssen wissen, dass es für eine Frau, zumal eine unverheiratete, nicht einfach war, an Jesus damals auf dem Marktplatz heran zu kommen und ihn zu mir einzuladen. Ich weiß nicht, ob Sie sich vorstellen können, was das bedeutete?

K o8   Vielleicht nicht ganz. Aber ich finde es schon bewundernswert, wie viel Power Sie hatten, um das, was Sie wollten, auch durchzusetzen. Ich weiß ein wenig über die Rolle der Frau damals und was unschicklich oder sogar unmöglich war …

M 09   Und dann lässt Maria mich das alles alleine machen, so dass ich kaum, ja fast gar nicht dazu komme, die Zeit mit meinem Gast zu genießen. Aber so war das mit Maria schon immer. Wenn unser Vater früher …

K 10   Stopp, Marta! - Stellen Sie sich mal einen Augenblick lang vor, Maria wäre damals gar nicht zu Hause gewesen. Wäre Ihnen das mehr entgegen gekommen?

M 11   *(stockt)* Äh … eigentlich nicht; dann hätte ich ja auch alles alleine machen müssen. Aber wenn Maria mitgeholfen hätte …

K 12   „Ich hab' mich fürchterlich geärgert", haben Sie eben gesagt. Worüber genau?

M 13   Ich glaube: eigentlich über Jesus!

K 14   Was hätte der denn tun sollen, damit Sie sich nicht über ihn geärgert hätten?

M 15 Er hätte Maria wirklich sagen können, dass sie mir helfen solle, statt sich schöne Augen machen zu lassen, und … (*stockt*)

K 16 Und was?

M 17 Ach, nichts!

K 18 Sie haben vorhin gesagt: „Ich hab' mich fürchterlich geärgert!" – Was genau ist der Ärger, das Arge?

M 19 Ach, ich hab' mich wie eine Idiotin benommen. Erst setze ich alles dran, diesen Jesus zu mir einzuladen, weil ich den Kontakt mit ihm schätze – nein: genieße; dann verschwinde ich in der Küche und sag' ihm auch noch, er solle Maria auf Trab bringen, obwohl – nein: weil die genau das tut, was ich wollte: bei ihm sein, mit ihm reden, seine Nähe genießen … - Und es ist mir im Nachhinein peinlich, dass ich ihn in so eine Vaterrolle gebracht habe: „Jesus, sag *du* doch mal der Maria … - … Schrecklich, so kindisch verhalte ich mich doch sonst nicht! (*errötet*)

K 20 Und was ist jetzt?

M 21 Ach, wissen Sie: Jesus war so abgespannt an diesem Abend. Und ich dachte: der braucht nicht nur Entspannung, sondern ein wirkliches Zuhause. – Ich wollte, dass er spürt: Ich, Marta, bin nicht nur eine gute Gesprächspartnerin (als die er mich schätzt), sondern auch eine gute Hausfrau – überhaupt – eine *Frau. (leise:)* Es gibt ja da so viele Frauen in seiner Umgebung …

K 22 Und nun?! Was bringt Ihnen das, dass Sie sich geärgert haben?

M 23 *(lächelt:)* Entspannung!

K 24 Wie das?

M 25 Ich glaube, ich habe damals mindestens zwei Dinge gleichzeitig gewollt und mir dabei selbst eine Falle gestellt.

K 26 Denken Sie an das Wort Jesu: *„Eins* aber ist not"?

M 27 Hat er das *so* gemeint?

K 28 Ich weiß es nicht. – Stimmt es denn so für Sie?

M 29 Ja, es stimmt! Egal, ob er es so gemeint hat oder nicht – es stimmt so für mich!

K 30 Und was wollen Sie jetzt tun? Was ist der nächste Schritt für Sie?

M 31 Ich weiß es! *(steht auf)*

K 32 Wollen Sie mir es verraten?

M 33 Nein! Aber ich weiß es!

Leider war mein Traum an dieser Stelle zu Ende.
Ich habe da eine Vermutung, was Marta mit ihrem nächsten Schritt gemeint haben könnte; sicher bin ich mir nicht.

Ich habe später auf dem Kirchenkreis-Frauen-Tag von meinem Gespräch mit Marta erzählt. Von meiner Vermutung habe ich nichts gesagt.

8. Die Macht der Gewohnheit
(Luk 13,10-17)[19]

Gehen, Ergehen, Wohlergehen – das sind Worte nicht nur für Bewegungsabläufe, sondern auch für ein Lebensgefühl:

"Wie geht's?"

"Och, ganz gut!"

"Geht so (langsam wieder)"

"Es geht gar nicht!"

Gehen – und dann noch *aufrecht* gehen ist keine Selbstverständlichkeit.

Luk 13,10-17 erzählt, wie jemand den aufrechten Gang zurück erhält.

Bibeltext

Und er lehrte in einer Synagoge am Sabbat.
Und siehe, eine Frau war da, die hatte seit achtzehn Jahren einen Geist, der sie krank machte; und sie war verkrümmt und konnte sich nicht mehr aufrichten.

---

[19] Die Idee zu dem anschließenden Text habe ich vor vielen Jahren durch eine Predigt bekommen, kann aber den Autor leider nicht benennen.

Als aber Jesus sie sah, rief er sie zu sich und sprach zu ihr: Frau, sei frei von deiner Krankheit!

Und legte die Hände auf sie; und sogleich richtete sie sich auf und pries Gott.

Da antwortete der Vorsteher der Synagoge, denn er war unwillig, dass Jesus am Sabbat heilte, und sprach zu dem Volk: Es sind sechs Tage, an denen man arbeiten soll; an denen kommt und lasst euch heilen, aber nicht am Sabbattag.

Da antwortete ihm der Herr und sprach: Ihr Heuchler! Bindet nicht jeder von euch am Sabbat seinen Ochsen oder seinen Esel von der Krippe los und führt ihn zur Tränke?

Sollte dann nicht diese, die doch Abrahams Tochter ist, die der Satan schon achtzehn Jahre gebunden hatte, am Sabbat von dieser Fessel gelöst werden?

Und als er das sagte, mussten sich schämen alle, die gegen ihn gewesen waren. Und alles Volk freute sich über alle herrlichen Taten, die durch ihn geschahen.

Phantasien

Hätte diese Geschichte auch anders ausgehen können?
Und wie ist es wohl weiter gegangen?
Ich habe einige Phantasien dazu.

1. Phantasie

Und er lehrte in einer Synagoge am Sabbat. Und siehe, eine Frau war da, die hatte seit 18 Jahren einen Geist, der sie krank machte; und sie war verkrümmt und konnte sich nicht mehr aufrichten. Da aber Jesus sie sah, rief er sie zu sich und sprach zu ihr: „Weib, sei los von deiner Krankheit!" Und legte die Hände auf sie; und alsbald richtete sie sich auf und pries Gott.

Und dann:

Und Jesus blieb noch einen Tag in der Stadt und lehrte sie. Dann rief er den Synagogenvorsteher und fragte: „Gibt es in eurer Stadt keine Frauen außer dieser einen, die ich heilte? Siehe, ich bin nun einen ganzen Tag bei euch und habe noch keine andere Frau gesehen als diese eine!"

Der Synagogenversteher schwieg still. Aber als Jesus ihn hart bedrängte, sagte er: „Ihre Männer und ihre Väter haben sie verborgen vor dir."

Und Jesus fragte: Warum tun sie dies?"

Da antwortete der Synagogenvorsteher: „Das fragst du, Rabbi? Damit sie nicht unbrauchbar werden wie diese eine!"

2. Phantasie

Und er lehrte in einer Synagoge am Sabbat. Und siehe, eine Frau war da, die hatte seit 18 Jahren einen Geist, der sie krank machte; und sie war verkrümmt und konnte sich nicht mehr aufrichten.

Und dann:

Da aber Jesus sie sah, rief er sie zu sich und sprach zu ihr: „Folge mir nach!"
Da antwortete sie und sprach: „"Ach, Herr, was soll ich dir folgen! Zu nichts nütze bin ich und für dich nur eine Last!"
Da sprach er: „Du irrst, Weib! –

- Gehst du mit uns, werden wir langsamer gehen und weniger das übersehen, was am Rand unseres Weges liegt.
- Gehst du mit uns, so werden wir immer wieder über unser Ziel nachdenken und seiner sicherer werden.
- Gehst du mit uns, hat einer von uns immer die Erde im Blick, und wir werden uns nicht von ihr lösen.
- Gehst du mit uns, so lernen wir immer wieder, dass wir uns bücken müssen, um dem Menschen und Gott ins Gesicht sehen zu können."

Da weinte die Frau, denn das waren Worte, die sie aufrichteten, und folgte ihm nach.

3. Phantasie

Und er lehrte in einer Synagoge am Sabbat. Und siehe, eine Frau war da, die hatte seit 18 Jahren einen Geist, der sie krank machte; und sie war verkrümmt und konnte sich nicht mehr aufrichten.

Da aber Jesus sie sah, rief er sie zu sich und sprach zu ihr: „Weib, sei los von deiner Krankheit!" Und legte die Hände auf sie; und alsbald richtete sie sich auf und pries Gott. –

Und dann:

Und Jesus blieb drei Tage in der Stadt, lehrte und heilte viele Krankheiten. Als sie aber aufbrachen, siehe, da sahen sie aus einem Haus eine Frau kommen, die war verkrümmt. Und er blieb stehen, rief sie zu sich und sprach: „Weib, habe ich dich nicht vor drei Tagen geheilt von deiner Krankheit?"

Möglichkeit A: Da antwortete die Frau und sprach: „Ja, Herr, aber ich bin gewohnt, so zu gehen."

Möglichkeit B: Da weinte die Frau und sprach: „Ja, Herr, aber mein Mann, die Nachbarn, alle Leute hier sind es gewohnt, dass ich so gehe."

Da wandte sich Jesus ab und sagte zu seinen Jüngern: „Amen, Amen, ich sage euch: der größte Feind Gottes und des Menschen ist die Gewohnheit!" -

Die Würde des Menschen resultiert aus der Gottesebenbildlichkeit. Dazu gehört   der aufrechte Gang – manchmal gar nicht so einfach!

Das Evangelium als der Botschaft vom menschenfreundlichen Gott macht immer wieder Mut, ihn (wieder) zu lernen.

9. Ein Fest als Verstörung
(Luk 15,11 – 32)

Die folgende Geschichte aus dem Lukas-Evangelium gehört zu den bekanntesten Texten des Neuen Testaments. Ich mag diese Geschichte sehr, weil sie einen Lernprozess beschreibt – aber vielleicht in einem anderen Sinne, als Sie das vermuten.

Wenn Sie diese Geschichte nun lesen/hören, achten Sie besonders auf das, was die Protagonisten sagen.

Bibeltext

Und er sprach: Ein Mensch hatte zwei Söhne.
Und der jüngere von ihnen sprach zu dem Vater: Gib mir, Vater, das Erbteil, das mir zusteht. Und er teilte Hab und Gut unter sie.

Und nicht lange danach sammelte der jüngere Sohn alles zusammen und zog in ein fernes Land; und dort brachte er sein Erbteil durch mit Prassen.

Als er aber alles verbraucht hatte, kam eine große Hungersnot über jenes Land und er fing an zu darben und ging hin und hängte sich an einen Bürger jenes Landes; der schickte ihn auf seinen Acker, die Säue zu hüten.

Und er begehrte, seinen Bauch zu füllen mit den Schoten, die die Säue fraßen; und niemand gab sie ihm.

Da ging er in sich und sprach: Wie viele Tagelöhner hat mein Vater, die Brot in Fülle haben, und ich verderbe hier im Hunger! Ich will mich aufmachen und zu meinem Vater gehen und zu ihm sagen: Vater, ich habe gesündigt gegen den Himmel und vor dir. Ich bin hinfort nicht mehr wert, dass ich dein Sohn heiße; mache mich einem deiner Tagelöhner gleich!
Und er machte sich auf und kam zu seinem Vater.

Als er aber noch weit entfernt war, sah ihn sein Vater und es jammerte ihn, und er lief und fiel ihm um den Hals und küsste ihn.

Der Sohn aber sprach zu ihm: Vater, ich habe gesündigt gegen den Himmel und vor dir; ich bin hinfort nicht mehr wert, dass ich dein Sohn heiße.

Aber der Vater sprach zu seinen Knechten: Bringt schnell das beste Gewand her und zieht es ihm an und gebt ihm einen Ring an seine Hand und Schuhe an seine Füße und bringt das gemästete Kalb und schlachtet's; lasst uns essen und fröhlich sein! Denn dieser mein Sohn war tot und ist wieder lebendig geworden; er war verloren und ist gefunden worden. Und sie fingen an, fröhlich zu sein.

Aber der ältere Sohn war auf dem Feld. Und als er nahe zum Hause kam, hörte er Singen und Tanzen

*und rief zu sich einen der Knechte und fragte, was das
wäre.*

*Der aber sagte ihm: Dein Bruder ist gekommen,
und dein Vater hat das gemästete Kalb geschlachtet,
weil er ihn gesund wiederhat.*

*Da wurde er zornig und wollte nicht hineingehen. Da
ging sein Vater heraus und bat ihn.*

*Er antwortete aber und sprach zu seinem Vater:
Siehe, so viele Jahre diene ich dir und habe dein Gebot
nie übertreten, und du hast mir nie einen Bock gegeben, dass ich mit meinen Freunden fröhlich wäre. Nun
aber, da dieser dein Sohn gekommen ist, der dein Hab
und Gut mit Huren verprasst hat, hast du ihm das
gemästete Kalb geschlachtet.*

*Er aber sprach zu ihm: Mein Sohn, du bist allezeit
bei mir und alles, was mein ist, das ist dein. Du soll-
test aber fröhlich und guten Mutes sein; denn dieser
dein Bruder war tot und ist wieder lebendig geworden, er war verloren und ist wiedergefunden.*

Eine Lerngeschichte

Wenn der Vater in dieser Geschichte zu mir in die
Beratung gekommen wäre mit der Problemanzeige
„mein jüngerer Sohn will sein Erbteil zu Geld machen
und in die weite Welt ziehen – was soll ich tun?",
dann hätte ich den Vater gefragt: Was hat in eurer

Familie sonst noch Geltung außer Geld? Habt ihr miteinander über die Ziele gesprochen, die dein Sohn mit seinem Vorhaben erreichen will? Und manches andere mehr.

Aber der Vater hat sich nicht beraten lassen, sondern seinem Sohn auf dessen Aufforderung hin „Vater, gib mir!" entsprechend gegeben.

Und dann verwundert es nicht, dass es kommt, wie es kaum anders zu erwarten war: Der junge Mann hat sein Geld in der großen weiten Welt schnell verbraucht und landet, weil gar nichts mehr geht, als Schweinehirt auf dem Acker (für einen Juden, für den das Schwein ein unreines Tier ist, die unterste Stufe).

Es gibt da in der Geschichte eine verräterische Stelle: Der junge Mann hat einen solchen Hunger, dass er am liebsten von den Schoten, die für die Schweine bestimmt waren, gegessen, gefressen hätte. Und dann: *„Aber niemand gab sie ihm".* Als er von Zuhause weg wollte, sagte er: *„Vater gib!" Als es ums* nackte Überleben geht, wird er nicht selber aktiv, sondern wartet darauf, dass ihm *gegeben* wird. –

Wenn ich als junger Pfarrer in einer Gemeinde, die in erster Generation größtenteils aus Flüchtlingen und Vertriebenen bestand, diese Geschichte in einer Gruppe älterer Frauen vorlas und etwas provokativ fragte „Was halten Sie von diesem jungen Mann?", dann waren sich nach anfänglicher Scheu (weil die Geschichte ja in der Bibel steht) alle einig: Dieser

junge Mann ist lebensuntüchtig; er hat nichts gelernt. „Wenn wir während der Flucht, der Vertreibung immer nur gewartet hätten, dass uns jemand etwas zu essen gibt, wir wären zusammen mit unseren Kindern verhungert", sagten sie und waren sich da sehr einig.
-

Der junge Mann wird nicht aktiv, um seinem Leben eine andere Richtung zu geben, sondern: *„Er ging in sich"*.– Aber mit welcher Perspektive?

Mir ist dieses In-sich-gehen des jungen Mannes vom Kindergottesdienst an über das Theologiestudium bis hin zu vielen Predigten immer als Reue, dargestellt worden, die dann auf die unendliche Barmherzigkeit des Vaters trifft.

Ich glaube das so nicht (mehr)! Der junge Mann ändert ja nicht seine Lebensstrategie, sondern er überlegt, wer ihm denn in seiner existentiellen Not wieder etwas *geben* kann. Und da fällt ihm (natürlich) der alte Herr ein, der ihm auch zu Anfang so großzügig und rückhaltlos *gegeben* hatte. Und der könnte ihm doch auch jetzt wieder etwas *geben*, mindestens eine Arbeitsstelle – und vielleicht doch auch noch etwas mehr?!

Und so denkt er sich eine Strategie aus, mit der er den alten Herrn für sich gewinnen könnte: *„Vater, ich habe gesündigt gegen den Himmel und vor dir, ich bin hinfort nicht mehr wert, dass ich dein Sohn heiße"*. Ich kann mir vorstellen, dass er auf dem Heimweg diese

Sätze immer wieder probiert hat, damit sie auch die entsprechende Wirkung haben.

Dann kommt es zur Begegnung. Der Vater geht, läuft seinem Sohn entgegen; der Sohn wirft sich wirklich oder im übertragenen Sinne in den Staub und sagt seinen eingeübten Spruch auf: *„Vater ich habe gesündigt … ich bin hinfort nicht mehr wert, dass ich dein Sohn heiße"*:

Ich hatte zu Anfang gesagt: Ich mag diese Geschichte so sehr, weil sie eine Lerngeschichte ist. Gelernt hat aber nicht der Sohn, sondern der Vater. Er lässt sich nicht ‚herumkriegen', sondern sagt ganz klar und deutlich: Du bist mein Sohn, deshalb steh auf, stell dich, Kleidung, Schuhe, Ring – und dann: ein Fest! - Ist das nicht eine wundervolle Geste: ein Fest für den reumütigen Heimkehrer? –

Ich habe als Gemeindepfarrer dieses Gleichnis Jesu mit jeder Konfirmandengruppe, also mit vielen Hundert Jugendlichen, besprochen, verfilmt, in die Jetztzeit übertragen usw.

Und wenn ich die Jugendlichen fragte: Stellt euch vor, ihr hättet Scheiße gebaut und es hätte in der BILD-Zeitung gestanden und ihr wäret nach Hause gekommen, und Eure Eltern würden ein Fest für euch geben, zu dem alle eingeladen wären: Großeltern und Verwandte und Freunde und Nachbarn und Mitschüler und … - wäre das nicht eine tolle Sache?!? Seltsamerweise wollte das niemand.

Warum nicht?

Weil wir uns dann ja stellen müssten. Dann würden doch alle fragen; und es wäre doch nur peinlich. Nein, solch ein Fest wäre schrecklich!

Was wäre dann angenehmer? Einfach nur nachhause kommen, auf's Zimmer gehen und warten, bis Gras über die Sache gewachsen ist. -

Ich bin überzeugt, dass der Vater im Gleichnis seinen Sohn wirklich sehr liebt. Aber er hat gelernt, dass Liebe nicht nur *Geben* bedeutet. Er zwingt seinen Sohn durch das Fest dazu, sich zu stellen. Ein verstörendes Fest! Ein Fest als Verstörung! Aber dem Leben dienlich!

Und dann gibt es da ja noch den zweiten Sohn, der das Verhalten seines Vaters als unangemessen und ungerecht ansieht. Und er drückt das so aus: *„Du hast mir nie einen Bock gegeben, dass mit meinen Freunden fröhlich gewesen wäre."* Da ist noch jemand, der darauf wartet, dass ihm das, was das Leben lebenswert macht, *gegeben* wird (obwohl ja das Erbe zwischen den beiden Söhnen schon aufgeteilt ist).

Und auch hier: der Vater hat gelernt. Er sagt nicht: Dann feiere doch demnächst mit deinen Freunden, und ihr könnt auch einen Bock haben. Sondern er sagt: *„Alles, was mein ist, das ist dein!"* Du bist selbst verantwortlich dafür, dass dein Leben gelingt.

Jesus will mit diesem Gleichnis von der übergroßen Liebe Gottes erzählen. Aber es ist keine Liebe, der alles egal ist. –

Ich bin überzeugt: Jesus wollte nicht sagen: Der ‚liebe‘ Gott ist nur lieb, der tut nichts.

Jesus hat immer wieder deutlich gemacht: Die Liebe Gottes ist voraussetzungslos, aber führt in die Verantwortung. Der Liebe ist nicht alles egal.

10. Eine unglaubliche Zumutung
   (Luk 17,11 – 19)

Bibeltext

Und es begab sich, als er nach Jerusalem wanderte, dass er durch das Gebiet zwischen Samarien und Galiläa zog.

Und als er in ein Dorf kam, begegneten ihm zehn aussätzige Männer; die standen von ferne und erhoben ihre Stimme und sprachen: Jesus, lieber Meister, erbarme dich unser!

Und da er sie sah, sprach er zu ihnen: Geht hin und zeigt euch den Priestern!

Und es geschah, als sie hingingen, da wurden sie rein.

Einer aber unter ihnen, als er sah, dass er gesund geworden war, kehrte er um und pries Gott mit lauter Stimme und fiel nieder auf sein Angesicht zu Jesu Füßen und dankte ihm. Und das war ein Samariter.

Jesus aber antwortete und sprach: Sind nicht die zehn rein geworden? Wo sind aber die neun? Hat sich sonst keiner gefunden, der wieder umkehrte, um Gott die Ehre zu geben, als nur dieser Fremde?

Und er sprach zu ihm: Steh auf, geh hin; dein Glaube hat dir geholfen.

Memoiren eines Geheilten

Ich glaube, Jesus hat damals etwas falsch verstanden, als er sich über die anderen neun beklagte: *„Hat sich sonst keiner gefunden, der wieder umkehrte, um Gott die Ehre zu geben, als nur dieser Fremde?"* Jesus selbst hatte ihnen ja gesagt, wie sie sich verhalten sollten.

Nein, die anderen neun waren sehr dankbar. Ich weiß noch genau: als sie unterwegs ihre Gesundung spürten, sind sie noch schneller gelaufen, um sich den Priestern zu zeigen und dann ein Dankopfer im Tempel zu bringen. Die Angehörigen haben sich ins Zeug gelegt, so dass das Dankopfer nicht gering war.

Aber *ich* konnte das nicht. Und ich *wollte* das auch nicht!

Ich bin ein Samariter und bin schon wegen meiner Herkunft durch die Priester vom Tempelkult ausgeschlossen.

Und was meine Krankheit angeht – Aussatz -: ja, ich war krank; aber meine Krankheit war nicht ansteckend. Die Priester hatten beschlossen, dass wir Kranken „unrein" seien, nicht gesellschaftsfähig und von Gott getrennt, also in jeder Weise „'rausgesetzt".

Die Priester beriefen sich damit auf ein altes Gesetz des Mose, das angeblich von Gott selbst ausgehen sollte.

Und wenn das wahr sein sollte, dann heißt das doch: Dieser Gott, der da verehrt wird, ist nur der Gott derer, denen es gut geht, und der mit Kranken, Behinderten, vom Schicksal Geschlagenen nichts gemein haben will.

Einen solchen Gott brauche und will ich nicht! Und dem sollte ich ein Dankopfer bringen?! Nein, das ging nicht! Das ist mir unterwegs klar geworden.

Meine neun Kollegen waren sehr dankbar. Das weiß ich. Aber sie haben nicht darüber nachgedacht, dass sie sich mit ihrem Dankopfer auf die Seite eines Gottes stellten, der mit ihnen als Kranken nichts zu tun haben wollte (oder sollte).

Diesem Gott konnte und wollte ich nicht die Ehre geben! Und *deshalb* bin ich zurück gekehrt und habe Jesus gedankt und *seinem* Gott. – Ich glaube jedenfalls, dass Jesu Gott ein anderer sein muss. –

Aber da gibt es noch etwas, das mich damals sehr verstört hat und über das ich bis heute viel nachgedacht habe:

Wir Zehn wussten damals, dass Jesus schon Aussätzige geheilt hatte. *„Sei rein!"*, hatte er gesagt – und sie waren gesund. So etwas hatten wir auch erhofft, ersehnt …

Aber dieses *„Zeigt euch den Priestern"* war eine Zumutung! Wir sollten uns als Kranke, als „Unreine" nicht nur wieder unter die Menschen, sondern auch in den Tempelbereich begeben (dorthin, wo angeblich Gott wohnt) – das war ein Wagnis, eine Zumutung …

… eine Zumutung für uns, die wir uns als Unreine nur auf sein Wort hin auf den Weg zu den Priestern machten …

… eine Zumutung auch für jenen Gott, der mit uns Kranken nichts zu tun haben wollte …

Es ist gut geworden. Und ich überlege seit damals manches Mal:
Wäre ich wirklich – auf Dauer - gesund geworden, wenn jemand mir gesagt hätte: „Sei rein!" – „Sei heil!" – und es hätte „funktioniert"?
Mir hat damals jemand etwas zugemutet, mir einen Mut zugesprochen, den ich von mir aus nicht gehabt hätte. *Ich* sollte einen ersten Schritt gehen, den ich dann auch gegangen bin …

Und mich bewegt seitdem:

- Hat meine Gesundung damit zu tun, dass i*ch* mich auf den Weg gemacht habe, dass *ich* erste Schritte gegangen bin?

- Oder hat alles seinen Anfang genommen dadurch, dass mir jemand einen Mut zugesprochen hat, den ich von mir aus damals nicht gehabt hatte?

Ich weiß es nicht genau. Irgendwie bewegt es sich dazwischen. Vielleicht braucht es beides: die Zumutung und den Mut, den ersten Schritt zu gehen.

Ich hatte zu Anfang gesagt: „Jesus hat damals etwas falsch verstanden".
Ja, vielleicht. Aber von *mir* hat er etwas richtig verstanden: dass ich kein Erbarmen brauchte, sondern eine Zu-Mutung, Mut zu mir selbst.
Ob Jesus das *so* gemeint hat, als er mir damals sagte*: „Steh auf, geh hin; dein Glaube hat dir geholfen!"*?

11. Loslassen können
(Luk 24,50 – 53)

Bibeltext

Jesus aber führte sie hinaus bis nach Betanien und hob die Hände auf und segnete sie.

Und es geschah, als er sie segnete, schied er von ihnen und fuhr auf gen Himmel.

Sie aber beteten ihn an und kehrten zurück nach Jerusalem mit großer Freude und waren allezeit im Tempel und priesen Gott.

Interview eines Journalisten mit Thomas dem Skeptiker zur Himmelfahrt (Jesu Christi)

J   „Himmelfahrt Jesu Christi" – ein schwerer Brocken für den   gesunden Menschenverstand! Ich spreche Sie, Thomas, an, weil Sie für Ihre kritische Haltung bekannt sind. Böse Zungen nennen Sie „Thomas den Zweifler". Mir gefällt Ihre Haltung, dass Sie auf die Wirklichkeit hinter dem Augenscheinlichen sehen wollen. – Ich würde Sie lieber als „Thomas den Skeptiker" bezeichnen. Und ich meine das sehr positiv.

Th   Danke für die Blumen! - Aber jetzt: worüber genau wollen Sie mit mir sprechen?

J   Ich möchte Sie ansprechen auf das, was der Evangelist Lukas am Ende seines Evangeliums als Himmelfahrt Jesu beschreibt. – Sie sollen ja auch dabei gewesen sei.

Th   Wobei genau?

J   Ja, bei der Himmelfahrt Jesu – oder was das sonst gewesen sein soll.

Th   Ach ,ich weiß, worauf Sie hinaus wollen. Aber, wissen Sie, die Menschen wollen immer Fakten, Ereignisse, Spektakuläres. Aber in Wirklichkeit geht es doch, ging es auch damals um Prozesse.

J   Welchen Prozess genau meinen Sie?

Th   Es waren damals traumatische Erlebnisse im Zusammenhang mit dem Tode Jesu. Die drei Jahre mit ihm hatten mein Leben und auch das Leben der anderen verändert und geprägt. – Und dann dieses grauenvolle Ende am Kreuz!
Eine Welt brach für uns zusammen. – Und dann die Rede von einigen von uns: *„Wir haben ihn gesehen … er ist gar nicht tot…"* Das war alles höchst verunsichernd. Wir wollten ja alle nicht wahrhaben, was das geschehen war.

Und wenn wir beieinander waren und das Brot brachen und aßen und von ihm erzählten, dann hatten wir alle das Gefühl: Er ist jetzt mitten unter uns. Wir spürten das körperlich. Und das war einerseits sehr besonders, intim, verbunden …

J   Sie sagen: „einerseits".

Th   Die andere Seite aber war – aber das haben wir erst später gemerkt - : Wir haben in unserer eigenen kleinen Welt gelebt, uns von der Außenwelt immer mehr abgeschottet.

J   Und was hat dann die Veränderung bewirkt?

Th   Wie das im Einzelnen gewesen ist, weiß ich heute nicht mehr genau. Auf jeden Fall wurde uns immer mehr klar: es konnte nicht im Sinne Jesu sein, dass wir nur unter uns bleiben. Seine Botschaft war eine Botschaft für die Menschen. Und das war nun unsere Aufgabe, diese Botschaft weiterzugeben.

J   Ich verstehe jetzt etwas mehr, was Sie mit dem Wort „Prozess" meinen. Aber ich verstehe noch nicht ganz, was das mit der sog. Himmelfahrt zu tun hat.

Th   Wir haben uns dann aufgemacht und sind nach Betanien gegangen.

J   Warum Betanien?

Th   Betanien war immer ein besonderer Ort im Leben Jesu. Dort hatte er Freunde, dort gab

es für ihn eindrückliche Erlebnisse, dort berei-
tete er sich für seinen Auftrag vor.. – Und
dort haben wir uns gewissermaßen vergewis-
sert, dass es Menschen und auch Orte gibt,
von denen eine Kraft ausgeht, die zum Segen
werden.

J   Sie spannen mich ja richtig auf die Folter.
Was ist nun mit der Himmelfahrt?

Th   Haben Sie nicht verstanden: Wir sind aus der
Trauer wieder zum Leben gekommen. Wir
mussten uns nicht mehr an Jesus klammern;
wir konnten ihn loslassen, weil wir spürten
und wussten: Es ist in seinem Sinne, zu den
Menschen zu gehen und von der Liebe Gottes
zu erzählen – und nicht, uns wie eine Sekte
von der Welt abzukapseln

J   Das heißt: Sie und Ihre Freunde und Freun-
dinnen haben Jesus losgelassen.

Th   Ja, so ungefähr. Wir haben ihn losgelassen.
Wir haben ihn gewissermaßen dem Himmel
anvertraut - Gott anvertraut

J   Das ist ja eine interessante Perspektive.
Aber da bleibt noch eine Merkwürdigkeit, auf
die ich Sie gerne noch ansprechen möchte.
Lukas sagt am Ende seines Evangeliums: *„Sie
aber kehrten zurück nach Jerusalem mit großer Freude."* Ich hätte vermutet: mit großer

Trauer. Aber nein: *„mit großer Freude"*. Das ist doch verblüffend.

Th Ich mag es kaum aussprechen: Die Lösung von der engen Verbindung zu Jesus lähmte uns nicht, sondern brachte uns ganz neu in Bewegung. Wir waren bisher immer nur die Jünger, die zum großen Meister aufsahen, manchmal auch etwas schlecht dabei aussahen. Und da war es etwas unheimlich Befreiendes, plötzlich selber aktiv werden zu können.

Wir sind *„mit großer Freude"* nach Jerusalem, in unseren neuen Alltag zurückgekehrt, weil wir spürten: Nun kommt es auf uns an, wie es mit dem Evangelium weiter geht. Wir sind gefragt, wichtig.

Wir konnten Jesus gehen lassen, weil wir uns seines Segens gewiss waren. Und weil wir einen Auftrag hatten.

J Noch eine letzte Frage an Thomas den Skeptiker: Wie skeptisch sind Sie hinsichtlich der Zukunft der Christus-Bewegung?

Th Von unserer Erfahrung her bin ich sicher: Wenn sich die Menschen in der Nachfolge Jesu nicht nur mit sich selbst beschäftigen, können sie Großes bewirken.

J Ich danke Ihnen für das Gespräch!

12. Wirklich geheilt?
(Joh 5,1 – 15)

Vor dem Lesen (Hören) des biblischen Textes möchte ich von einem persönlichen Erlebnis aus meiner Zeit als Gemeindepfarrer erzählen.

Ich war in den 70er und 80er Jahren Pfarrer in einer münsterländischen Gemeinde, die hauptsächlich aus ehemaligen Flüchtlingen und Vertriebenen der deutschen Ostgebiete stammten.

Zu meinen Aufgaben zählte u.a. die Betreuung eines katholischen Altenheimes, wo jeden Donnerstag um 10.oo Uhr ein Gottesdienst für die evangelischen Bewohner stattfand.

Und jeden Donnerstag spielte sich über Jahre wöchentlich folgende Szene ab:

Ich betrat mit Aktentasche und Talar über dem Arm das Altenheim, wo ich schon von einer alten Dame (ca. 75 Jahre) erwartet wurde: „Nehmen Sie mich, bitte, mit in die Kapelle, Herr Pastor!", sagte sie und hakte sich bei mir unter . Nach dem Gottesdienst kam sie wieder auf mich zu, hakte sich wieder bei mir unter und bat mich, sie in ihr Zimmer zu begleiten.

In ihrem Zimmer wurde ich gebeten, Platz zu nehmen. Und sie klagte dann ausführlich darüber, dass sie fast gar nicht mehr sehen könne und deshalb keinen Anteil haben könne an dem, was die anderen

Frauen machten: Fernsehen, Stricken, Gesellschafts-spiele usw.

Diese Szene wiederholte sich, wie gesagt, über mehrere Jahre wöchentlich.

Irgendwann – ich weiß nicht mehr, ob es aus Mit-leid oder Genervtsein geschah – sprach ich einen mir befreundeten Augenarzt an und fragte ihn, ob er sich die betreffende alte Dame einmal ansehen könne.

Ich fuhr dann mit der alten Dame und einer ka-tholischen Ordensschwester des Altenheimes zu die-sem Augenarzt. Und siehe da: Mit einer entspre-chenden Brille konnte eine relativ gute Sehfähigkeit wieder hergestellt werden.

Das Dumme war nur: Die alte Dame hatte auch mit der neuen Sehfähigkeit keinen Zugang zum Stri-cken, zu Karten- und anderen Gesellschaftsspielen … Ich habe sie zwar weiterhin donnerstags zur Kapelle begleitet und sie nachher wieder in ihr Zimmer ge-bracht. Aber sie war unglücklicher als zuvor; sie konn-te an nichts teilhaben, obwohl sie sehen konnte; und sie bekam kaum noch körperliche Zuwendung durch ein Geführtwerden, weil sie ja sehen konnte. –

Ich muss gestehen: Als die alte Dame kurze Zeit später starb, bin ich wieder lieber am Donnerstag ins Altenheim zum Gottesdienst gegangen. –

Hören / lesen Sie auf diesem Hintergrund die fol-gende Geschichte aus dem Johannes-Evangelium:

Bibeltext

Danach war ein Fest der Juden, und Jesus zog hinauf nach Jerusalem.

Es ist aber in Jerusalem beim Schaftor ein Teich, der heißt auf Hebräisch Betesda. Dort sind fünf Hallen; in denen lagen viele Kranke, Blinde, Lahme, Ausgezehrte.

["Sie warteten darauf, dass sich das Wasser bewegte. Denn der Engel des Herrn fuhr von Zeit zu Zeit herab in den Teich und bewegte das Wasser. Wer nun zuerst hineinstieg, nachdem sich das Wasser bewegt hatte, der wurde gesund, an welcher Krankheit er auch litt."]

Es war aber dort ein Mensch, der war seit achtunddreißig Jahren krank.

Als Jesus ihn liegen sah und vernahm, dass er schon so lange krank war, spricht er zu ihm: Willst du gesund werden?

Der Kranke antwortete ihm: Herr, ich habe keinen Menschen, der mich in den Teich bringt, wenn das Wasser sich bewegt; wenn ich aber hinkomme, so steigt ein anderer vor mir hinein.

Jesus spricht zu ihm: Steh auf, nimm dein Bett und geh hin!

Und sogleich wurde der Mensch gesund und nahm sein Bett und ging hin.

Es war aber Sabbat an diesem Tag.

Da sprachen die Juden zu dem, der geheilt worden war: Heute ist Sabbat, es ist dir nicht erlaubt, dein Bett zu tragen.

Er aber antwortete ihnen: Der mich gesund gemacht hat, sprach zu mir: Nimm dein Bett und geh hin!

Sie fragten ihn: Wer ist der Mensch, der zu dir gesagt hat: Nimm dein Bett und geh hin?

Der aber geheilt worden war, wusste nicht, wer es war; denn Jesus war fortgegangen, da so viel Volk an dem Ort war.

Danach fand ihn Jesus im Tempel und sprach zu ihm: Siehe, du bist gesund geworden; sündige nicht mehr, dass dir nicht etwas Schlimmeres widerfahre.

Wie jemand (wieder) laufen kann, aber kein Ziel hat

Um es gleich vorweg zu sagen: Da ist Jesus ein „handwerklicher" Fehler unterlaufen. Und das finde ich sehr tröstlich.

Da es sich in Luk 5,1-15 nicht um ein vereinbartes Beratungsgespräch handelt, ist es gut und richtig, dass Jesus sich nicht auf eine lange Krankheitsgeschichte (38 Jahre!) einlässt und sich auch nicht in einfühlsamen Äußerungen ergeht, sondern sofort „zur Sache" kommt: *„Willst du gesund werden?"*

Und da, in dem Letzten, liegt, wenn ich das so hart sagen darf, der Fehler!

„Willst du gesund werden?" Das ist eine geschlossene Frage. Eine geschlossene Frage beginnt immer mit einem Verb und lässt nur drei Möglichkeiten der Beantwortung zu: Ja – Nein – Ausweichen. Besser sind gerade zu Anfang eines Gesprächs offene Fragen, die mit einem W-Partikel beginnen (wer, wie, wozu …)[20] und dem Gegenüber eine größere Bandbreite von Antworten ermöglichen. In anderen Situationen fragt Jesus offener: „Was willst du, das ich dir tue?" -

Und so sagt der Gelähmte nicht „ja": Ja, ich will gesund werden und gehen können; ich will für mich selber sorgen und kein Pflegefall mehr sein!

Er sagt auch nicht „nein": Nein, ich kann mir das gar nicht vorstellen, wieder gehen zu können und für mich selbst sorgen zu müssen. Nach 38 Jahren ist das eine Überforderung. Ich habe das nicht gelernt. Ich habe keine Ausbildung. Jeder Tag nach meiner Gesundung wird eine Belastung sein.

Der Gelähmte weicht aus: *„Ich habe keinen Menschen …".*

---

[20] Außer „weshalb, wieso, warum". Diese Sesam-Straße-Fragen können in einem langen Beratungsgespräch hilfreich und sinnvoll sein, nicht aber in der Situation einer kurzen Begegnung, Es besteht die große Gefahr, dass dann aus einem kurzen Gespräch ein langes Gespräch wird.

Das hört sich resigniert und gleichzeitig mitleids-erregend an, ist aber keine Antwort auf Jesu Frage. Natürlich gab es da in seinem Umfeld Menschen, die ihn versorgten mit Essen und Kleidung, die ihn abends in die Unterkunft brachten und morgens nach draußen. Natürlich gab es da Menschen, nur nicht solche, die immer „Gewehr bei Fuß" standen.

„Ich habe keinen Menschen ...“ – Mich erinnert das an eine Situation in dem genannten Altenheim. Bei einem Geburtstagsbesuch eines Gemeindegliedes spricht mich die Ordensschwester an: „Herr Pastor, die Dame auf Zimmer 38 ist so unglücklich; sie weint dauernd. Gehen Sie doch mal zu ihr!"

Ich besuche die Dame, die mir dann ihr Leid klagt: sie habe zwar Angehörige, aber die kämen mal so gut wie nie; sie sei total einsam und verlassen.

Als ich mich auf den Weg nach Hause mache, be-gegnet mir die Ordensschwester, die mich zu dem Besuch veranlasst hat, und sagt: „Es ist schon be-wundernswert. Die Angehörigen dieser Dame woh-nen zwar über 100 km entfernt von hier; aber sie kommen zweimal die Woche hierher, um ihre Mutter zu besuchen." –

„Ich habe keinen Menschen ...“.

Jesus lässt sich von den 38 Jahren Krankheitsge-schichte und dem „ich habe keinen Menschen" so berühren, dass er aktiv wird und diesen Menschen, wie auch immer, heilt.

Ende gut. Alles gut? Ist diese Geschichte wirklich eine Heilungsgeschichte?

Der Fortgang der Geschichte in der Geschichte lässt mich daran zweifeln. Da kann jemand die Liege, die ihn selber über 38 Jahre Lähmung getragen hat, selber tragen; und auf die Frage der anderen, wie er es sich denn erlauben könne, am Sabbat diese Liege zu tragen, hat er nichts anderes zu sagen als: das hat mir jemand gesagt! Und auf die weitere Frage, wer es ihm denn gesagt habe, weiß er keine Antwort zu geben.

Der Gelähmte kann zwar wieder gehen – aber wie er sich verhält, das geht gar nicht!

„Danach fand Jesus ihn im Tempel". Dh: Jesus hat ihn gesucht. Ich vermute, er hat gespürt, dass da etwas fehlgelaufen ist. Jesus geht diesem Menschen nach. (Dies ist übrigens die einzige Geschichte in den Evangelien, in der erzählt wird, dass Jesus einem Menschen nachgeht. Ansonsten heißt es immer umgekehrt: „Folge mir nach!")

Und dann dieser heftige Satz: *„Sündige hinfort nicht mehr, dass dir nicht etwas Schlimmeres widerfahre!"* – Hier wird deutlich: „Sünde" meint nicht in erster Linie moralisches Fehlverhalten, sondern das Verfehlen des von Gott geschenkten Lebens. - - -

Ich bin nicht sicher, ob diese Geschichte aus dem Joh-Evangelium wirklich eine Heilungsgeschichte ist. Vielleicht!

Ich kann mir vorstellen, dass der ehemals Gelähmte nach einiger Zeit wieder am Teich Betesda auf seiner Liege liegt, weil das Leben mit dem aufrechten Gang viel zu mühsam ist. Und er führt die vertrauten Gespräche mit den Leidensgenossen und beklagt, dass er keinen Menschen hat, der ihn zum Teich bringt, wenn der Engel mit seinen Flügeln das Wasser berührt und Heilung ermöglicht.

Ich kann mir aber auch vorstellen, dass die heftigen Worte Jesu den (ehemals) Gelähmten wach gerüttelt haben, so dass er schrittweise die Verantwortung für sein (neues) Leben übernehmen konnte. Denn mit dem Wieder-gehen-können waren ja die Probleme nicht gelöst; vielmehr wird es jeden Tag neue geben, wenn es darum geht, den aufrechten Gang zu lernen. –

Aber es liegt die Verheißung darauf, dass Leben so gelingen kann.

13. Die Gefahr des Augenscheinlichen
   (Joh 9,1 – 7)

Bibeltext

Und Jesus ging vorüber und sah einen Menschen, der blind geboren war.

Und seine Jünger fragten ihn und sprachen: Rabbi, wer hat gesündigt, dieser oder seine Eltern, dass er blind geboren ist?

Jesus antwortete: Es hat weder dieser gesündigt noch seine Eltern, sondern es sollen die Werke Gottes offenbar werden an ihm.

Wir müssen die Werke dessen wirken, der mich gesandt hat, solange es Tag ist; es kommt die Nacht, da niemand wirken kann. Solange ich in der Welt bin, bin ich das Licht der Welt.

Als er das gesagt hatte, spuckte er auf die Erde, machte daraus einen Brei und strich den Brei auf die Augen des Blinden und sprach zu ihm: Geh zu dem Teich Siloah - das heißt übersetzt: gesandt - und wasche dich! Da ging er hin und wusch sich und kam sehend wieder.

Ansichten eines Geheilten

Ja, ich kann sehen!!!
Ich werde immer wieder gefragt, ob ich denn jetzt glücklich sei. Und es wird erwartet, dass ich doch glücklich sein *müsse*.

Wenn ich früher nicht sofort „ja" gesagt habe („Ja, ich bin glücklich"), sondern von mir erzählen wollte – das wollte keiner hören.

Wissen Sie, das Leben ist für mich, seitdem ich sehen kann, nicht einfacher geworden. Aber darüber darf ich gar nicht reden, denn dann sagen die Leute: „Du bist undankbar". Und manche sagen: „Du bist verrückt!".

Deshalb sage ich heute: Ja, ich bin glücklich, dass ich sehen kann.

Aber Ihnen kann ich es ja sagen: Es gibt da eine andere Seite der Medaille: ich war ja als Blinder auch nicht unglücklich, hatte mein Auskommen, mein soziales Umfeld und – aber das sehe ich heute viel klarer als vorher: Ich war früher viel mehr bei mir selbst, war in mir und bei mir zuhause. Und ich habe nicht nur auf das gehört, *was* die Menschen um mich herum sagten, sondern vor allem, *wie* sie es gesagt haben. Und damit habe ich meistens viel tiefer gesehen als die Sehenden, die sich oft nur an dem Augenscheinlichen orientieren. (Es ist nicht von ungefähr, dass die berühmten Seher der Geschichte meistens blind waren!)

Und heute?

Ich habe heute manchmal Angst, dass ich mich wie viele Sehende auch vom Augenscheinlichen blenden lasse. Nichts täuscht und verführt so wie das, was vor Augen ist!

Ob ich glücklich, ob ich dankbar bin?

Ich weiß nicht ...

Ich glaube, das Schwierigste ist, dass Jesus mich damals nicht gefragt hat; er hat einfach gehandelt.

Und wenn er gefragt hätte: *„Was willst du, das ich dir tue?"* – ich glaube, ich hätte gesagt: einfach nur dazu gehören, auch als Blinder, als Teil einer Gemeinschaft, in der auch Behinderte ihren Platz haben. Wo nicht dauernd gefragt wird, warum jemand mit einer Behinderung nicht „normal" ist, und wer daran Schuld oder gesündigt hat.

Und manchmal habe ich zum Stichwort „Normalität" einen ganz verwegenen Gedanken (den ich aber nur Ihnen sage): Wie hoch ist der Anteil von blinden Menschen an Räubern, Erpressern, Vergewaltigern, Mördern, Amokläufern, Rechts- oder Linksradikalen ... ?

Ist das, was sehende Menschen tun, automatisch „normal", weil sie sehen können?

Diese dauernden Überlegungen, wer denn woran Schuld oder gesündigt hat ... ich glaube: Viele, die diese Worte im Munde führen, wollen sich nur selbst ihrer weißen Weste versichern und sich und anderen begründen, weshalb es besser ist, Distanz zu halten, als Mitgefühl und Solidarität zu zeigen.

Es hat mir gut getan, dass Jesus den ach so moralisch tollen Menschen damals deutlich gemacht hat, dass er diese trennende Frage nach Sünde und Schuld nicht stellt. Für mich war das befreiend.

Das andere Wort Jesu *„Es hat weder dieser gesündigt, noch seine Eltern, sondern es sollen die Werke Gottes offenbar werden an ihm"* hat mich zunächst wütend gemacht. Sollte ich blind geboren worden sein, um dann durch die Heilung als Demonstrationsobjekt für Gottes Macht zu dienen?!

Ich habe im Laufe der Zeit viel über dieses Wort Jesu nachgedacht.

Inzwischen beginne ich zu ahnen, dass Jesus vielleicht damit gemeint haben könnte: Im Lichte der Herrschaft Gottes gibt es weder durch Sünde und Schuld, noch durch Armut und Reichtum oder andere Dinge Barrieren, die zwischen Mensch und Gott, zwischen Mensch und Mensch bestehen. Und das finde ich gut. Ich überlege, wie ich meinen Teil dazu beitragen kann, um das weiter zu tragen.

Ich habe da erste Ideen.

Man wird sehen.

Ich werde sehen.

IV. Anhang: Ergebnisse einer Bibelarbeit zu Luk 7,36-50

Im Mai 2018 habe ich in Paderborn einen Auffrischungskurs für das Kurzgespräch geleitet, verbunden mit einer Einübung in die unter II beschriebene Methode des Umgangs mit biblischen Geschichten.

Teilgenommen haben neun Frauen und Männer, überwiegend tätig in Berufen im kirchlichen Umfeld.

Die Begegnung mit dem Text (Luk 7,36-50) durch die beschriebenen Phasen hindurch dauerte ca. eine Stunde. Für die anschließende kreative Umsetzung standen (nur) 45 Minuten zur Verfügung.

Die acht Texte, die in dieser Zeit entstanden sind, haben mich sehr bewegt und angerührt. Hier hat wirkliche Begegnung mit dem biblischen Text stattgefunden!

Ich gebe im Folgenden, nach dem biblischen Text, die erarbeiteten Texte der TeilnehmerInnen (unkommentiert) wieder.

Bibeltext: Luk 7,36-50:

Es bat ihn aber einer der Pharisäer, mit ihm zu essen. Und er ging hinein in das Haus des Pharisäers und setzte sich zu Tisch.

Und siehe, eine Frau war in der Stadt, die war eine Sünderin. Als die vernahm, dass er zu Tisch saß im Haus des Pharisäers, brachte sie ein Alabastergefäß mit Salböl

und trat von hinten zu seinen Füßen, weinte und fing an, seine Füße mit Tränen zu netzen und mit den Haaren ihres Hauptes zu trocknen, und küsste seine Füße und salbte sie mit dem Salböl.

Da aber das der Pharisäer sah, der ihn eingeladen hatte, sprach er bei sich selbst und sagte: Wenn dieser ein Prophet wäre, so wüsste er, wer und was für eine Frau das ist, die ihn anrührt; denn sie ist eine Sünderin.

Jesus antwortete und sprach zu ihm: Simon, ich habe dir etwas zu sagen. Er aber sprach: Meister, sag es!

Ein Gläubiger hatte zwei Schuldner. Einer war fünfhundert Silbergroschen schuldig, der andere fünfzig.

Da sie aber nicht bezahlen konnten, schenkte er's beiden. Wer von ihnen wird ihn mehr lieben?

Simon antwortete und sprach: Ich denke, der, dem er mehr geschenkt hat. Er aber sprach zu ihm: Du hast recht geurteilt.

Und er wandte sich zu der Frau und sprach zu Simon: Siehst du diese Frau? Ich bin in dein Haus gekommen; adu hast mir kein Wasser für meine Füße gegeben; diese aber hat meine Füße mit Tränen genetzt und mit ihren Haaren getrocknet.

Du hast mir keinen Kuss gegeben; diese aber hat, seit ich hereingekommen bin, nicht abgelassen, meine Füße zu küssen.

Du hast mein Haupt nicht mit Öl gesalbt; sie aber hat meine Füße mit Salböl gesalbt.

Deshalb sage ich dir: Ihre vielen Sünden sind vergeben, denn sie hat viel geliebt; wem aber wenig vergeben wird, der liebt wenig.

Und er sprach zu ihr: Dir sind deine Sünden vergeben.

Da fingen die an, die mit zu Tisch saßen, und sprachen bei sich selbst: Wer ist dieser, der auch Sünden vergibt?

Er aber sprach zu der Frau: Dein Glaube hat dir geholfen; geh hin in Frieden!

Folgende Texte sind nach der Bibelarbeit entstanden:

1. Abendlicher Tagebucheintrag der „Sünderin"

Ich bin noch ganz fasziniert von der Begegnung mit Jesus. Schon in der vorigen Woche hatte ich gehört, dass er in das Haus des Pharisäers Simon kommen wollte.

Nach langen Überlegungen habe ich mich dann dazu durchgerungen, die Chance zu nutzen und auch in dieses Haus zu gehen, damit ich ihn sehen und hören kann. Ich hatte mir aber noch mehr vorgenommen. Ich wollte nicht nur mit Jesus in einem Raum sein, sondern ich wollte ganz nah an ihn heran kommen. Ich wollte, dass er mich sieht, mich wahrnimmt und mit mir spricht.

Ich weiß nicht genau warum, aber es war so eine Sehnsucht, die ich nicht näher beschreiben kann. Ich hatte das Gefühl, dass ich etwas Besonderes, etwas Außergewöhnliches tun muss, damit er auf mich aufmerksam wird und mit mir spricht. Deshalb habe ich teures Salböl gekauft, bin auf ihn zugegangen, habe seine Füße gewaschen, mit meinen Haaren getrocknet, und immer wieder geküsst.

Simon war ziemlich irritiert, und ich konnte ihm seine schlechten Gedanken ansehen. Jesus wies Simon zurecht, zählte ihm seine Versäumnisse auf, lobte mein Tun und vor allem die Zeichen meiner Liebe. Jesus sprach mich direkt an. Er hat mir meine Sünden vergeben, meinen Glauben gelobt und mir den Frieden gewünscht.

Ja, durch Jesus habe ich wirklich meinen Frieden mit mir selber gefunden, weil er mich gesehen und respektvoll behandelt hat. Ich bin Jesus unendlich dankbar für diese Begegnung und Ermutigung. Das werde ich ihm nie vergessen.

(Theo Hoppe)

2. Die Salbung von Bethanien – Gespräch zweier Gäste, die im Haus des Simon alles miterlebten

A: „Sag mal- was war das denn heute Abend?"

B: *„Was genau meinst Du?"*

A: „Na, diese Frau. Also ich sie plötzlich hier gesehen habe, habe ich die Luft angehalten. Ich dachte, es gibt einen Rieseneklat! Ich konnte kaum glauben, dass Jesus das alles geschehen lässt. Und Simon…- mich hätte es nicht gewundert, wenn er die Frau rausgeworfen hätte."

B: „Das hat er sich bestimmt nicht getraut, weil Jesus das ja offensichtlich völlig in Ordnung fand."

A: „Wirklich völlig?" Also mir wäre das total unangenehm gewesen. Was sollen denn da die Leute denken?"

B: *„Was denkst du denn jetzt?"*

A: „Ich kann das alles noch gar nicht einordnen. Da lässt sich Jesus in aller Öffentlichkeit von dieser Frau berühren, dann wirft er Simon noch fast vor, kein guter Gastgeber zu sein…- und Sünden vergibt er jetzt auch noch? Das gibt es doch alles gar nicht!"

B: „Auf jeden Fall gibt es jetzt eine Menge Gesprächsstoff! Ich wüsste echt gerne, warum Jesus das gemacht hat."

A: „Ich habe einfach das Gefühl, er meint das ganz ernst mit der Liebe, über die er da mit Simon diskutiert hat. Hast du seinen Blick gesehen, als er die Frau ansprach… – und das Leuchten in ihren Augen?

B: „Ja, es ist wirklich erstaunlich, wie wenig Jesus sich von ihrer *Geschichte* hat beeindrucken lassen. Wie er einfach nur *sie* gesehen hat…"

A: „Weißt du was, ich schlafe jetzt erst mal eine Nacht darüber. Ich muss das alles erst mal sacken lassen. Mach's gut bis Morgen."

B: „Bis Morgen."

(Indra Wanke)

3. Simon abends mit seiner Frau, am Wohnzimmertisch sitzend,   während die Magd das Essen abräumt.

Frau: Simon, du bist so nachdenklich und so still? Denkst du darüber nach, wie der Abend gelaufen ist?

Simon: Ja, ich habe mir den Ablauf ganz anders vorgestellt und empfinde ihn als Reinfall und frage mich, wie komme ich da nur wieder raus.

Frau: Du wolltest doch mit Jesus ein Gespräch führen, um unterschiedliche Aspekte in der Thora zu beleuchten.

Simon: Ich glaube, die Situation ist mir heute völlig entglitten. Die Sünderin kam einfach ohne Einladung in mein Haus und warf sich Jesus an den Hals. Sie holte dann auch noch ihr kostbares Öl aus einem

Gefäß, salbte ihn und trocknete ihm auch noch mit ihren Haaren seine Füße. So ein Flittchen...., weiß sie denn nicht, was sich gehört? Was dachte sie sich überhaupt dabei, diese Aktion in meinem Haus zu veranstalten.

Ich hatte den Eindruck, dass Jesus dieses Vorgehen durchaus positiv sah. Und zu guter Letzt vergab er ihr ihre Sünden und verkündete ihr auch noch, dass sie jetzt ihren Frieden habe. Mich dagegen attackierte er und sagte, dass ich es als Hausherrn unterließ, ihn mit diesen Willkommensgesten zu begrüßen. Das schlug doch dem Fass den Boden aus. Ich konnte nicht fassen, dass er mich so abwatschen würde, wo er mich doch eigentlich hätte loben müssen, weil ich die Frau in meinem Haus duldete und diese durch ihre Anwesenheit jetzt ein besseres Image pflegen kann und dadurch aufgewertet wird.

Frau: Wie willst du auch weiterhin den Umgang mit Jesus pflegen?

Mann: Bei der nächsten Einladung zum Essen musst du vorher die Security bestellen, und darauf achten, damit sich so eine peinliche Situation nicht noch einmal wiederholt und mein guter Ruf nicht gefährdet ist. Ich möchte in meinem Haus jedenfalls kultivierte Konversationen führen.

Was siehst du mich so nachdenklich an!

Frau: Du scheinst ja auch weiterhin auf Jesus Meinung Wert zu legen. Wenn diese Frau aber von Jesus so wertgeschätzt wird, dann scheint das nicht ohne Grund zu sein.

(Rita Sökefeld)

4. Simons Frau

Am Tag nach dem Essen – auf dem Markt. Simons Frau Susanna kommt zum Fleischstand ihrer Freundin Johanna.

Susanna: „Johanna, ich muss dir etwas erzählen. Du glaubst nicht, was gestern passiert ist!"

Johanna: „Susanna, meine Liebe, du siehst doch, was hier los ist! So viele Kunden... Aber ich merke, dass du ganz aufgewühlt bist und etwas loswerden musst. Komm mit hinter das Zelt und erzähle. Dann muss Matthias eine Weile alleine bedienen."

Und **Susanna** erzählt: „Weißt du, gestern hatte Simon diesen Jesus eingeladen – und noch 10 Männer dazu. Mal wieder ohne Planung und ohne mir Bescheid zu sagen. Ich musste mich schier überschlagen mit dem Einkaufen und Kochen. Aber das spielt für Simon ja keine Rolle! Und weil ich so viel vorzubereiten hatte, habe ich in der Hektik die Reinigungsbecken für das Fußwaschen vergessen. Da konnte ich mir gestern Abend noch etwas anhören, sag ich dir.

Aber das ist gar nicht das, was ich dir erzählen wollte. Das Essen war losgegangen, die Männer dis-

kutierten. Ich saß völlig erschöpft auf meinem Sche-
mel neben unserem Speiseraum und atmete erst
einmal durch. Da hatte ich für einen Moment Ruhe!
Und dann kommt durch die Hintertür diese Frau. Du
weißt schon, die, von der alle sagen, dass die Männer
zu ihr kommen dürfen für Geld. Ehrlich gesagt, ich
glaube das nicht! So wirkt sie nicht auf mich.

Auf jeden Fall geht sie schnurstracks durch die
Küche, an mir vorbei in den Speiseraum, wirft sich
diesem Jesus zu Füßen, weint und macht seine Füße
ganz nass, trocknet sie dann mit ihrem offenen Haar…
stell dir das mal vor! Oder ob sie doch „so eine" ist?
Dann küsst sie ihn und salbt ihn mit einem duftenden
Öl. Ich war fassungslos! Was die sich traut! Und ich
blödes, artiges Schaf bleibe immer schön im Hintergrund, damit mich niemand sieht und arbeite und
arbeite. Und dann darf ich mir nachher noch anhören, was ich alles falsch gemacht und vergessen habe…

Auf jeden Fall habe ich Simon bei der ganzen Szene beobachtet, und ich wusste sofort, was er denkt:
‚Das ist doch eine Sünderin! Warum lässt Jesus das
alles mit sich machen?'

Aber Jesus kann wohl auch Gedanken lesen. Er
hat Simon nämlich eine Lehrstunde erteilt, von wegen Liebe und Schulden erlassen und sich kümmern
und was die Frau alles getan habe, aber er, Simon,
nicht.

Aber was dann kam, war noch viel heftiger. Jesus hat dann mit der Frau gesprochen – genauso wie mit den Männern! Er hat ihr gesagt, dass ihre Sünden vergeben sind und dass ihr Glauben ihr geholfen hat. Und dann hat er noch gesagt: ‚Geh in Frieden!'

Ich war so ergriffen und habe geweint! In dem Moment wäre ich so gern an ihrer Stelle gewesen. Dieser Jesus hat etwas sehr Anziehendes an sich. Er versteht die Menschen und verurteilt sie nicht, sondern hilft ihnen, aufrecht zu stehen. Er schaut in den Menschen hinein und nicht auf seine Probleme. Und offensichtlich ruft er bei denjenigen, die an ihn glauben, mutiges Verhalten hervor. Ich bin noch ganz erfüllt von diesem Erlebnis, von Jesus und von der Frau!"

Johanna: „Meine Güte, Susanna, du bist ja ein ganz anderer Mensch! Das ist in der Tat ein ganz außergewöhnliches Erlebnis! Unglaublich und doch zu glauben! Und jetzt? Was heißt das jetzt für dich?

Susanna: „Das weiß ich noch nicht so genau. Ich weiß nur, dass Jesus noch in der Stadt ist und dass ich ihn unbedingt noch einmal sehen will, dass ich ihm begegnen will. Daher mache ich mich jetzt auf die Suche nach ihm. Simon bekommt heute nichts zu essen. - Wünsch mir Glück!"

(Adelheid Büker-Oel)

5. Was ich dir noch sagen wollte-
Jesus schreibt einen Brief an die Sünderin

Du bist ein Vorbild.

Wie du zu mir kamst und dich vor meinen Füßen niederknietest. Du warst am Boden, doch voller Energie. Noch heute spüre ich deine Tränen, das Salz auf meiner Haut. Es erinnert mich daran, dass die Standfestesten unter uns diejenigen sind, die ihre Emotionen zulassen. Nein, nicht die angelernte Haltung der Gesetzestexte lässt uns standfest werden. Du hast voller Leidenschaft deine Liebe gezeigt. Bewahre dir diesen Schatz. Den Schatz, Liebe zeigen und empfinden zu können.

Jedes Urteil – es war dir gleichgültig. Denn es zählte nichts für dich – außer der Möglichkeit zur Liebe.

Wenn ich an die Szene von damals im Haus des Simon zurückdenke: Simons allzu menschliches Verhalten. Starr und dogmatisch. Seine Unsicherheit, überspielt durch vermeintliche Gesetzestreue. Der verurteilende, blinde Blick.

Und dann: Du. Du hast alles preisgegeben und der Versöhnung ihren Raum gemacht.

Ich habe Simon wieder getroffen. Er sprach mich auf die damalige Situation an. Er sieht die Welt seitdem in einem anderen Licht.

Heute, heute würde er dir die Füße küssen. Sie mit seinen Tränen benetzen und mit seinen Händen trocknen, sie mit seinem kostbarsten Öl salben.

Denn dein Mut, dein Vertrauen, das war es, was ihm gezeigt hat, was Liebe ist. Es hat ihm die Augen geöffnet.

Liebe macht keine Fehler.

Du bist sein Vorbild.

(Melina Sieker)

6. Ich bin … ich werde …

Frau   Ich bin die Frau. Sie redeten über mich. Ich, das Stadtgespräch. Auf dem Markt bohrten sich ihre Blicke in meinen Rücken. Wegen dem Vorfall damals. „Die Sünderin", so nannten sie mich. Was ist das denn für ein Name? Den werde ich vielleicht nie los. Ich weiß, was ich getan hatte. Schwer, da den Kopf oben zu halten, wenn alle auf einem rum trampeln. - Ich hörte von Jesus. Und schmiedete einen Plan.

Simon   Ich bin Simon. Ich erfuhr, Jesus ist in der Stadt. Hatte viel von ihm gehört. Ich war neugierig. War er der Verheißene Israels, der Messias? Ich bin Pharisäer. Später dachten sie immer, ich gehörte zu den Heuchlern und Gegnern Jesu. Nichts läge mir ferner. Ich habe es versucht und tue es noch: nach der Tora leben, Gott lieben, Gott suchen. Deshalb sog ich alles auf, las und studierte die Bibel. Ich liebe Diskussionen. Die Wahrheit liest du dir nicht an, jedenfalls nicht nur. Der Wahrheit kommst du näher im Gespräch. Dafür lohnt es sich zu streiten. Ich lud Jesus ein in mein Haus. Mit ihm wollte ich reden und essen und diskutieren.

Frau Ich bin die Frau. Ich hatte mich vorbereitet auf diese Gelegenheit, ihn zu treffen, Jesus. Heute würde es zum Einsatz kommen, das Salbgefäß, für ihn gekauft, leuchtend-weißes Alabaster, mit dem Öl, duftend. Der Händler hatte es mir aufwändig eingepackt. Aus Arabien, flüsterte er. Kostspielig. Fein.

Simon Ich bin Simon. Wir sitzen also zu Tisch, alles läuft gut. Da geht die Türe auf, ich sehe meine Frau draußen mit den Armen fuchteln, das geht doch nicht, ruft sie, du kannst hier nicht rein! Da ist sie schon, die Fremde, tritt auf leisen Sohlen heran zu Jesus, kniet, beugt sich runter auf den Boden. Sofort steht der Duft im Raum. Was tut sie da? Sie schluchzt. Weint. Was soll das? Ich gucke hin und gucke weg. So wie die anderen.

Frau Ich bin die Frau. Das ganze Öl auf seine Füße. Es vermischt sich grau mit dem Staub. Ich streiche das Öl um seine Knöchel, umfange den Fuß mit den Händen, dann den anderen. Ich blinzle. Meine Haare haben sich gelöst, fallen. Mit ihnen trockne ich die Füße, trockne meine Tränen. -- Was tust du da?!, höre ich.

Simon Ich bin Simon. Was tut die da? Die Sünderin! Er spricht mich an. Simon, sagt Jesus, auf ein Wort. Und sagt dann etwas über die Liebe. Ja, denke ich, Tora: Liebe Gott und deinen Nächsten wie dich selbst. Er schaut herunter zur Frau und sagt, Vergebung, Simon. Wem viel vergeben ist, der kann groß lieben. Ich sage, darüber müssen wir reden. Er sagt, Frau, deine Sünden sind dir vergeben.

Frau Ich bin die Frau. Ich liege am Boden und fühle mich groß, gelöst, befreit. Das war es, was ich gesucht hatte: frei sein. Langsam stehe ich auf, wische mein Gesicht ab. Spüre die Blicke in meinem Rücken. Und sehe in sein offenes Gesicht. Er sagt,: Geh in Frieden. -- Ich ging dann. Und folgte ihm nach.

(Ralph Frieling)

7. Das Gastmahl mit der Sünderin
Ein Dialog zwischen einem, der dabei war, und seiner Frau

Sara Hallo Tobias, bist du endlich wieder da?! Wo warst du so lange? Iich habe auf dich gewartet.
Es ist schon so spät!

Tobias Ja, Sara, ich war doch auf dem Gastmahl bei Simon. Du glaubst gar nicht, was da los war!
Auf einmal ist diese Sünderin in sein Haus gekommen.

Sara Wie, diese Sünderin, die war da? Das ist doch sonst immer eine reine Männerveranstaltung gewesen. Und da traut die sich hin?!

Tobias Ja, du, die ist gekommen und hat sich diesem Prediger, diesem Jesus vor die Füße geworfen. Ich weiß auch nicht, warum Simon den Jesus eingeladen hat. Dann hat sie seine Füße gesalbt und geküsst. Sie scheint ihn sehr zu verehren, es wirkte fast so wie Liebe.
Du, die ist diesem Mann sehr nahe gekommen,… dass sie sich das traut…!

Sara Das ist verrückt. In so einer Männergesellschaft aufzutauchen, ohne eingeladen zu sein.
Und sich in ihrer Situation diesem Mann vor die Füße zu legen und auszuliefern!
Warum tut sie das? Ich hätte mich das nie getraut.

Tobias Ja weißt du, im ersten Moment war das sehr peinlich und für Simon nicht einfach. Aber dieser Jesus hat ganz anders reagiert, als wir alle erwartet haben.

Er hat von Liebe gesprochen und von Vergebung und dass die Liebe kostbarer ist als alles andere. Und das hat mich doch sehr nachdenklich gemacht.

Sara Und, wie ist es dann ausgegangen?

Tobias Das ist nicht aus-gegangen, das war wie ein Anfang. Die Frau konnte sich aufrichten; und Jesus hat ihr Frieden gewünscht; und sie ist befreit gegangen.

Sara Das gibt mir zu denken, Tobias. Ich glaube, beim nächsten Gastmahl mit diesem Jesus möchte ich auch dabei sein. Du nimmst mich doch dann sicher mit!?

Tobias ...!

(Martin und Roswitha Gadermann)

8. Tagebucheintrag nach der Begegnung mit Jesus im Haus des Simon.

Die Frau schreibt:

Liebes Tagebuch,

Dir kann ich alles anvertrauen, was mich bewegt, beschäftigt und was ich erlebt habe:

Gestern ist etwas Großartiges geschehen: Ich bin Jesus ganz nah gekommen. Ich hatte gehört, dass er bei Simon zu Gast sein würde. Dieses habe ich zum Anlass genommen, einfach ins Haus des Simon zu gehen, mitten in die Männergesellschaft, mitten in ihre ach immer so wichtigen Gespräche, mitten in ihre Welt.

Schon lange vorher hatte ich von Jesus gehört und hab ihm von weitem bewundert, angehimmelt. Ich war dabei, als er Kranke geheilt und Frauen auf Augenhöhe begegnete. Immer hat er sich für diese und andere Benachteiligte Zeit genommen und ihnen durch sein Handeln, seine Worte gezeigt: Ihr seid wichtig geliebte Menschen! Ohne wenn und aber!

Dafür habe ich ihn geliebt und verehrt. Und diese Verehrung und Liebe wollte ihn ihm gegenüber ausdrücken. Seit Tagen habe ich nach einer Möglichkeit gesucht, dies ihm, Jesus, zu zeigen. Ich hatte mir Öl besorgt und es zum Haus des Simon mitgenommen. Ich habe gesehen, dass Simon Jesus nicht angeboten hatte, die Füße zu waschen.

Das war meine Chance! Ohne groß zu überlegen, ohne über die Konsequenzen nachzudenken, bin ich ins Gemach hineinspaziert. Ich habe mit meinen Tränen Jesu Füße benetzt und mit meinem Haar getrocknet. In diesen Tränen floss aus mir all das ungelebte Leben, die Scham über begangene Taten, das Verletztsein durch die Worte anderer, die über mich redeten… Es tat mir gut, an Jesus so zu handeln, ohne Worte, ohne Erklärungen – es war so wohltuend!

Dann habe ich noch Jesu Haupt gesalbt – der ganze Raum war erfüllt mit dem Duft. So konnte ich ihm und mir zeigen, wie lieb ich ihn habe und wie sehr ich ihn verehre.

Und Jesus? Er hat alles an sich geschehen lassen! Zwischendurch redete er noch mit Simon, doch dann richtete er das Wort an mich. An mich! Er sah mich an und sprach: Dein Glaube hat dir geholfen.

Wie im 7. Himmel war ich: All meine Hoffnung, dass er mich sieht und wahrnimmt und auch mir die befreiende Botschaft zusagt, hat sich erfüllt. Ich bin so glücklich und dankbar und werde nun Schritte in einen neuen Abschnitt meines Lebens gehen.

(Mechthild Grunenberg)

- - - -

Ich danke allen TeilnehmerInnen des Auffrischungskurses, dass sie ihre Texte für die Veröffentlichung an dieser Stelle zur Verfügung gestellt haben.